다도진의

다도진의
다신전과 동다송에 관한 小考

초판 인쇄 | 2021년 10월 25일
초판 발행 | 2021년 10월 30일

글쓴이 | 이검서
펴낸이 | 이웅현
교정교열 | 강남주, 이다경
펴낸곳 | 부카

    출판등록 : 제25100-2017-000006호
    대구광역시 달서구 문화회관길 165, 대구출판산업지원센터 408호
    전화_ 053.423-1912 팩스_ 053.639-1912
    이메일_ bookaa@hanmail.net

다신전과 동다송에 관한 小考

다도진의

이겸서 지음

부카

　따뜻해진 다관에 찻잎을 적당히 넣으면 차의 향기가 피어오른다. 이때의 향기는 최고 다신(茶神)의 차향이라고 할 수 있다. 향기가 피어나지 않거나 잘못된 향이라면 차는 이미 변한 것이다. 향기가 피어났을 때 뜸이 잘든 경숙된 물을 중정으로 붓는다. 봄에 처음 만든 청취(靑翠, 비취)색의 차는 물의 온도를 크게 높일 필요가 없지만, 철이 지난 녹색으로 변한 차는 물의 온도를 높여야 한다.

　초의선사의 『동다송』에 따르면 차의 본영(本領)은 중정(中正)에 있다고 했다. 동다송에는 중정을 다음과 같이 적고 있다.

　'체신수전유공과중정(體神雖全猶恐過中正) 물과 차가 비록 온전하다 하더라도 중정을 지나칠까 두려우니, 중정불과건영병(中正不過健靈併) 중정을 지나치지 않으면 건(建)과 영(靈)을 함께 아우른다.' 그리고 주석(註釋)에는 '엽다과의작 (葉多寡宜酌) 차의 많고 적음을 가늠하여 마땅하게, 불가과중실정(不可過中失正) 중정을 넘거나 잃지 않아야 한다.'고 적고 있다.

　그 요지는 물과 차는 각각 차의 몸(體)과 신(神)이기 때문에 중과 정이 넘침을 두려워해야 하며 '중정'이 균형을 이룰 때 체와 신이 함께 어우러질 수 있다는 뜻이다. 초의선사의 다도 사상은 중정(中正)인 것이다.

　인간이 자연에서 발견한 최고의 건강기호 음료라 할 수 있는 차는 인간의 삶에 다양하게 활용되어 왔다. 제례나 각종 의식은 물론 질병 치료에도 사용되었던 차(茶)는 정신을 맑게 해주고 마음을 차분하게 가라앉혀 주는 탁월한 효능까지 가지고 있다. 오늘날 차는 건강기호 음료를 넘어 현대인의 품격 있는 문화생활을 위한 기호로써의 가치를 지니고 있다. 우리가 흔히 말하는 건강이란 정신적, 육체적, 사회적으로 활동을 하는 데 불편함이 없는 상태를 말한다. 차는 사람들의 마음을 맑고 편안하게 해줄 뿐만 아니라 자기 수양과 인성을 함양하고 궁극적으로는 수행의 길로 나아가게 한다.

일상생활에서 차를 마시며 즐기는 것은 차라는 기호품을 통해 여가를 누리면서 삶과 정신에서 참선(參禪)의 오묘한 맛과 참선 수행으로 얻게 되는 편안하고 적정(寂靜)한 경지에 깃들기를 바라기 때문이다.

오늘날 일반인들에게서 차 생활은 멀어지고 음료 소비는 외래 음료인 커피가 시장을 주도하며 확산되고 있다. 또한, 경제성장으로 인하여 물질적인 생활의 질은 향상되었지만, 인성교육의 부재와 물질 만능 풍조로 인해 정신적 황폐화는 심각한 사회적 문제가 되고 있다. 이런 가운데 우리나라 차계(茶界)에서는 여전히 학문적으로 차 문화에 관한 문헌 연구에만 정진하고 있는 실정이다.

차 생활은 누구나 쉽고 편하게 접할 수 있어야 한다. 그러나 오늘날 차 생활은 다도(茶道)라는 이름으로 예법과 격식을 중시함으로써 어렵고 불편함을 느끼게 만들었다. 전문 차인들만의 문화생활을 과시하는 수준에 그치고 있는 차 생활을 자기 수양과 인성함양이라는 차의 정신적 효용가치를 통해 사회를 건전하고 건강하게 치료해야 할 때이다.

이 책은 조선 후기 한국의 전통차를 융성시킨 중흥조이자 다성(茶聖)으로까지 추앙받는 초의선사(艸衣禪師)가 남긴 『다신전(茶神傳)』과 『동다송(東茶頌)』

에서 볼 수 있는 초의선사의 차 정신을 현대의 차 생활에서 적용시켜 보고자 하는 생각에서 정리하였다.

이를 위해 다음과 같이 몇 가지를 알아보고자 한다.

첫째, 조선 후기 초의선사의 생애, 초의차의 탄생과 차 생활은 어떠했는가를 살펴보고, 둘째, 차의 제다법(製茶法)과 음다법(飲茶法)의 이론과 실기를 체계적이고 과학적으로 정리한 『다신전』을 현대의 관점에서 바라보고 재해석하여 정리했다. 셋째, 차의 역사와 약리적인 효능, 우리나라 차의 우월성 등을 시로 읊은 『동다송』에 관해 연구하고 초의선사의 다도관(茶道觀)을 고찰(考察)해 본다. 마지막으로 고전인 『다신전』과 『동다송』의 내용을 한자풀이로만 그치지 않고 현대의 차 생활에 적용하는 방안을 모색해 보았다.

이와 같은 내용을 중심으로 『다신전』과 『동다송』에 나타난 초의선사의 다도 정신(精神)인 중정(中正)을 현대 차 생활에서 이해하고, 현대인의 생활 속에 구현하여 우리나라 전통의 음다풍(飲茶風)을 유지하고 확산하는데 도움이 되고자 한다. 그리고 현대적 측면에서 차에 대한 전반적인 이해를 밝힘으로써 초의선사의 다도관(茶道觀)에 비추어 중정(中正)으로 이룬 다신(茶神), 즉 색(色), 향(香), 미(味)를 찾아 다도(茶道)에 이르는 음다(飲茶)가 될 수 있도록 그 과정들을 고찰(考察)하였다.

필자는 여러 해 동안 차 문화 유적지와 찻물 기행을 하면서 유적지의 물과 산수(山水), 그리고 시중에 나와 있는 18종의 생수(生水)에 대한 ppm 조사를 하고 이 찻물에 대해 경수(硬水)와 연수(軟水) 계산법과 ph(수소이온농도) 측정 기구를 사용하여 실험을 하였다. 아울러 초의선사가 『다신전』과 『동다송』을 집필했던 일지암과 칠불사의 아자방(亞字房) 그리고 대흥사 등의 유적지를 답사해 보며 초의선사의 다도정신(茶道精神)과 일로향실(一爐香室)의 다신(茶神)의 차(茶)

향기에 취해 보기도 했다.

차(茶)자의 발음에 있어서는 현재 '차'와 '다'를 혼용하여 쓰고 있는데 명확한 표기기준이 없으므로 본 책에서는 가능한 한 '차'로 표기하되 문맥이나 일상적 용례에 따라 불가피할 경우에는 '다'와 혼용하였다.

또한 부록에 추가로 해석자료를 제공하여 차를 이해하는데 도움을 주고자 했다.

끝으로 살아생전 필자가 계속 공부해서 결실을 맺을 수 있도록 격려와 칭찬을 아끼지 않으시고 항상 큰 나무그늘이 되어 주셨던, 현구(顯舅)[1] 김경석 시아버님께 존경과 감사의 마음을 전합니다.

이 책을 흔쾌히 출판해 주신 부카 이웅현 대표와 편집진들에게도 깊은 감사의 마음을 표합니다.

2021년 11월

이겸서

7

차례

발간사

제1장 초의선사의 생애와 차 생활

1절 초의선사의 생애   17

2절 초의차의 탄생   23

3절 초의선사의 차 생활   28

제2장 『다신전』의 내용과 특징

1절 『다신전』의 저술배경   35

2절 『다신전』의 종류와 행방   37

3절 『다신전』의 구성과 내용의 특징   39

   1. 채다론(採茶論)   41

    1) 차나무의 생장 조건   41

    2) 맑은 밤이슬을 흠뻑 머금은 찻잎이 최상   43

3) 한낮에 찻잎을 채취하는 것   44

4) 차나무 재배 토양   45

5) 찻잎의 색상   46

2. 조다(造茶)   48

1) 현대의 덖음차 제다 공정   48

2) 『특우전』의 전통 제다 공정   50

⑴ 채다(採茶)와 살청(殺靑)   50

⑵ 유념(揉捻)과 건조(乾燥)   50

3) 찻잎 덖고 비비는 과정에 카테킨 함량 좌우   52

4) 가마솥의 종류와 원리   55

3. 변다(辨茶)   57

4. 장다(藏茶)   58

5. 화후(火候)   60

1) 전기 포트의 뜸들임   60

2) 달걀 실험 4가지   61

6. 탕변(湯辨)   62

7. 탕용노눈(湯用老嫩)   63

8. 포법(泡法)   64

9. 음다(飮茶)   67

1) 65℃ 이상의 음료는 발암물질   67

10. 향기(香氣)   70

11. 색(色)   72

12. 미(味)   73

13. 점염실진(點染失眞)   75

14. 다변 불가용(茶變 不可用)   76

15. 품천(品泉)   77

16. 다경운 산수상(茶經云 山水上)   79

17. 정수불의차(井水不宜茶)   82

18. 저수(貯水)   83

19. 다기(茶器)   85

 1) 다관(茶罐)의 중요성   85

 2) 다관(茶罐)의 선택   87

 3) 찻잔의 선택   89

 4) 찻잔 받침   90

20. 다위(茶衛)   90

21. 다신(茶神)의 정체   92

제3장 『동다송』의 내용과 특징

1절 『동다송』의 저술배경   95

2절 『동다송』의 주요 판본   97
  1. 다예관본(아모레퍼시픽미술관 소장)   97
  2. 석오본(石梧本, 이일우 소장)   97
  3. 경암본(鏡菴本, 정영선 소장)   98
  4. 다송자본(茶松子本)   98

3절 『동다송』의 구성 및 내용   99
  1. 『동다송』구성과 내용   99
  2. 『동다송』내용과 특징   102
    1) 『동다송』에서의 차나무   102
    2) 참새의 혀 같은 푸른 찻잎   108
    3) 차(茶)의 기원과 역사 자료   110
    4) 선진양한위진남북조 시대 차(茶)의 고사(故事)   120
    5) 『동다송』에 나타난 차의 약리적인 효능   129
    6) 현대 과학이 밝혀낸 차(茶)의 성분   145
    7) 『동다송』에서 해석상의 이견이 되는 부분   147
    8) 『동다송』에 나타난 우리 차의 우수성   154

4절 『동다송』에 나타난 초의선사의 다도관　　　　157

제4장 현대 차(茶) 생활 적용방안 모색

1절 『다신전』과 『동다송』에 따른 현대 차 생활　　　167

　1. 찻물의 중요성　　　169

　1) 현대 차(茶) 생활 적용방안 모색　　　170

　2. 차(茶)를 표현하는 별칭(別稱)　　　176

　3. 우리의 차(茶) 정신　　　181

2절 현대인의 차(茶) 문화　　　185

　1. 현대인들의 다도(茶道) 의미　　　186

　2. 전통적 다도와 선다(禪茶)의 의미　　　188

　3. 차가 인간에게 좋은 점　　　192

3절 초의선사의 차 정신　　　194

　1. 한국의 다도(茶道)정신, 중정(中正)　　　194

　2. 현대인들의 차 정신　　　197

　3. 평상심(平常心)과 실천적인 차 생활　　　198

부록1 동다송 추가 해석자료 · 203

제4송 송풍회우(松風檜雨) · 205

제9송 사마상여의 금가(琴歌 : 거문고 노래) · 207

제14송 용봉(龍鳳)단차(團茶) · 208

　1) 송(宋)대 연고차 제다 공정 · 208

　2) 연고차 음용 방법 · 210

제16송 길상예(吉祥蕊)와 성양화(聖楊花) · 211

제18송 다산의 걸명소(乞茗疏) · 212

제19송 우리나라의 차나무 품종 및 특성 · 214

　1) 우리나라의 주요 차나무 품종 · 215

제21송 소이(蘇廙)의 『십육탕품(十六湯品)』 · 219

　(1) 오대의 옥차법(沃茶法) · 221

제24송 구난(九難) 과 사향(四香) · 226

제30송 노옥천(盧玉川)의 다가(茶歌) · 233

부록2 다신전 원문 · 237

부록3 동다송 원문 · 245

글을 마무리하며 · 256

참고문헌 · 258

주석 · 262

제1장

초의선사의
생애와
차 생활

초의선사의 생애

초의선사 동상

초의선사(1786~1866)는 침체된 조선 불교의 선(禪)을 크게 일으킨 대선사(大禪師)이며 조선 후기 명맥만 겨우유지해 오던 다도를 중흥시킨 다성(茶聖)으로 추앙받는 인물이다.

초의선사는 조선시대 22대 정조 10년(1786년) 4월 5일 전남 무안군 삼향면 왕산리에서 태어났다. 선사(禪師)의 속성은 흥성장씨(興城張氏)이며 법명(法名)은 의순이고 자(字)는 중부 (中孚)이다. 속가의 이름은 억수였고 우리에게 많이 알려진 초의선사라는 호는 대흥사에서 당대의 고승인 완호 윤우(玩虎 尹佑, 1758~1826) 스님으로부터 받은 법호이다.

초의선사는 어머니가 어느 날 밤 꿈에 허공에서 둥둥 떠오는 황금색의 꽃송이 같은 샛별을 가슴에 품는 꿈을 꾸고 태어났다. 초의선사는 열다섯 살이 되던 해(1800년)에 아버지와 어머니 그리고 할아버지를 역질로 잃고 나주시 다도면 운흥사로 찾아가 벽봉민성(碧峰敏性) 스님께 의지하여 출가했다. 그때 운흥사의 승려들은 근처에 차나무를 많이 심었으며 후일 초의선사가 차와 인연을 맺고 차 생활을 하는 데 큰 영향을 미쳤을 것으로 짐작된다. 운흥사에서 4년 만에 더 많은 공부를 하기 위해서 고승들이 많이 배출된다는 대흥사로 가기로 마음먹고 운흥사를 떠나 전남 영암의 도갑사로 갔다. 도갑사에 머물다 월출산에 혼자 올라가서 해가 저물어 바다에서 문득 한 덩이의 둥그런 달이 떠오르는 것을 보고는 크게 깨달아 가슴에 맺혀 있던 답답함이 한꺼번에 시원하게 풀리니 가는 곳마다 거리낌이 없었다. 이때가 19세였다.

그 후 해남 대흥사로 가서 완호 스님에게 구족계(具足戒)를 받았다. 이때 초의라는 법호(法號)를 받은 것이다. 이때부터 대흥사에 계속 머물며 경전을 배우고 경율론(經律論) 삼장에 두루 통하였다.

24세(1809년) 때 초의선사는 강진에서 유배생활을 하던 48세의 다산 정약용을 만나면서 유가서와 주역 그리고 경전과 시학을 배우고 새로운 학문과 시의 세계를 알 수 있었다. 이 시기는 초의선사의 사상에 매우 큰 영향을 미쳤으며 그의 생애에도 큰 의미있는 시기라고 할 수 있다. 초의선사는 동년배인 다산의 아들 유산 정학연(丁學淵), 운포 정학유(丁學游) 등과도 매우 친밀하였으며 그들을 통해서 한양에 있는 당대 최고의 경화 세족들과 교유할 수 있었다.

초의선사와 유학자들과의 교유가 중요한 데에는 두 가지 이유가 있다. 첫째는 선사가 세상에 널리 알려지게 된 배경에 유학자들과의 교유가 큰 몫을 차지하였기 때문이다. 둘째는 그가 당대 최고의 유학자인 다산 정약용(丁若鏞)

다도진의_

판전 (제주추사관)

과 추사(秋史) 김정희(金正喜) 등과 어울리면서 그의 학문적 깊이와 사상적 안목이 훨씬 더 깊어졌기 때문이다.

초의선사는 평생 유학자들과 많은 교우 관계를 맺었는데 특히 다산과 해거도인 홍현주, 그리고 자하신위가 많은 도움을 주었다. 그러나 그중에서도 초의선사가 유학과 시(詩), 부(賦)를 배운 다산과의 만남과 동갑이며 평생의 지음(知音)이었던 추사와의 만남은 더욱 중요한 의미가 있다.[2]

우리나라 최고의 다서인 『동다송』도 정조대왕의 부마이며 당대 최고 유학자 중 한 사람이었던 해거 홍현주(洪顯周)의 부탁으로 지어진 책이다. 만약 초의선사에게 유학자들과의 만남이 없었다면 『동다송』도 쓰여지지 못했을 것이다. 그런 면에서도 초의선사와 유학자들과 교우 관계는 중요한 의미가 있다고 할 수 있다. 그런데 유학자들이 초의선사와 가깝게 지낸 이유가 초의선사의 높은 학문으로 그의 사고 방향이 유학자들과 통하는 바가 많았기 때문도 있지만 더욱 중요한 건 이들이 차로 맺어진 인연이어서가 아닐까 생각한다.

30세(1815년) 때 처음으로 한양에 올라가 평생의 친구이자 지음(知音)인 추사 김정희와 추사의 동생들인 산천 김명희(金命喜), 금미 김상희(金相喜) 형제를 수락산 학림암에서 처음 만났고 자하신위, 해거도인 홍현주 등과 교유하였다.[3]

일지암

　초의선사는 차츰 자신의 명성이 세상에 알려지게 되자 은거의 뜻을 갖고,
1824년(39세) 『장자(莊子)』 「소요유(逍遙遊)」의 '뱁새는 깊은 숲에 둥지를 틀지
만, 나뭇가지 하나 차지하는 데 불과하다(鷦鷯巢於深林 不過一枝)'는 말을 따라
소박하고 욕심 없는 선의 마음으로 대흥사 동쪽 계곡의 산 중턱 두륜산 정상
아래에 일지암(一枝庵)을 짓고 주석하기 시작했다. 일지암은 선사께서 일생을
기거하셨던 곳으로 선사의 사상과 철학을 집대성한 곳이자 차 문화를 폈던
자리이기도 하다. 초의선사는 일지암에서 차 문화를 중흥시키고자 『다신전』
과 『동다송』을 저술하여 차 생활의 멋과 우리 차의 우수성을 기리었다.

　43세(1828년)에 초의선사는 지리산 하동 칠불암(七佛庵) 아자방(亞字房)에서
참선하는 여가에 청나라 모환문(毛煥文)이 1615년에 엮은 백과사전인 『경당증
정만보전서』 가운데 「채다론(採茶論)」 원문을 초출(抄出)하여 내려왔다가 45세
(1830년)에 이르러 일지암에서 다시 정서(正書)하여 『다신전』이란 제명을 붙이
고 발문을 추가하여 완성하였다.

　초의선사가 다도관을 확립하게 된 배경은 43세(1828년) 때 『다신전』을 초출

다도진의

한 후부터 해거도인에게 『동다송』을 지어 편지와 함께 바친 52세(1837년) 여름
까지로 보고 있다. 초의선사는 평소에 차에 대한 관심이 많았는데 칠불암에서
『만보전서』의 「다경채요」 부분을 본 후부터는 제다(製茶)에 대해 새롭게 인식
을 하게 되었다. 해마다 봄이 되면 찻잎을 따고 만들어서 손수 정성스럽게 포
장해서 선물하곤 했다.

45세(1830년)에는 초의선사가 직접 만든 보림백모 떡차를 맛본 이산중, 박영보,
자하신위 등 많은 문사들로부터 전다박사(煎茶博士)라는 별호도 받게 된다.

46세(1831년)에는 첫 시집 『일지암시문집(一枝庵詩文集)』을 펴내었는데 초의
선사는 한 해 전에 이 책의 서문을 자하신위에게 부탁했던 것으로 보인다. 따
라서 자하신위가 초의선사의 시(詩)들이 규방의 미인처럼 아름답다고 말한 것
은 초의선사가 차에 대해서 이미 전문가로 널리 알려져 있었음을 알 수 있는
부분이다.

50세(1835년)에는 소치 허련(1809~1892)이 일지암으로 찾아와 제자로 삼았

초의선사 사호비

고, 52세(1837년)에는 정조(正祖)의 사위, 숙선옹주의
남편인 해거도인 홍현주의 부탁을 받고 『동다송』을
저술하였다. 해거도인 홍현주가 다도를 알려줄 것
을 명(命)하여 동국의 차를 칭송하는 한편의 고체
시로 된 차시(茶詩)를 지은 것이다. 『동다송』의 마
지막 31송에서는 밝은 달은 촛불과 벗이 되고 흰
구름은 자리펴고 병풍으로 삼고 차를 마시는 초의
선사의 높은 경지를 미루어 짐작할 수 있다.

55세(1840년) 때는 왕사 및 국사 제도가 폐지된
뒤 처음으로 헌종(憲宗)으로부터 대각등계보제존

자초의대선사(大覺登階普濟尊者艸衣大禪師)라는 사호(賜號)를 받았다. 제주도로 유배 간 추사와는 더욱 친하게 지냈다. 58세에는 제주도를 방문하여 거의 반 년을 추사와 함께 지냈고, 용호(蓉湖)에 있을 때도 2년여 동안을 함께 차를 마 시며 지냈었다. 이러한 금란지교의 추사가 71세(1847년) 때 10월에 홀연히 먼 저 세상을 떠나자 초의선사는 「완당김공제문(阮堂金公祭文)」을 써서 추사의 영 전에 바친 후 거의 외부 활동을 중단했었다.[4]

추사가 세상을 떠난 후 초의선사는 홀로 쓸쓸히 혼자 일지암에서 지내다 고종 3년(1866년) 세수 81세, 법랍 65세의 일기로 입적하였다. 초의선사가 남 긴 작품으로는 『초의시고』, 『일지암시고』, 『일지암문집』, 『초의집』, 『선문사 변만어』, 『초의선과』, 『동다송』, 『다신전』, 『진묵조사유적고』, 『문자반야집』 등이 있다.

다도진의

초의차의 탄생

초의선사는 15세 때에 남평 덕룡산 운흥사 위쪽 산에서 처음으로 찻잎을 접하고 따기 시작했다. 초의선사가 처음으로 배운 차는 운흥사의 구증구포, 즉 아홉 번 덖고 비비기를 반복한 차였다. 그 뒤 초의차라는 이름이 처음으로 세상에 알려지게 된 것은 1830년의 일이다. 초의선사는 1830년에 스승인 완호스님의 사리탑 기문을 받기 위해 한양으로 상경했는데 이때 예물로 준비한 것이 보림백모 떡차 였다. 우연히 친구인 이산중을 통해 이 차의 맛을 보게 된 박영보가 다시 「남차시」를 지어 사귐을 청하였고, 초의선사가 이에 답함으로써 초의차가 세상에 알려지게 된 것이다. 그리고 박영보의 스승인 자하신위가 다시 「남차시병서」를 지어 초의선사의 차의 맛을 격찬하며 '전다박사'로 추켜세우자 초의선사의 명성은 경향간에 더 높게 퍼져 나갔다.[5]

초의차라는 이름은 다산의 아들 정학연의 「초의차」라는 글에서 알려 졌다. 개인의 이름으로 차명을 지은 것은 우리 차 역사상 유례없는 일이었으며 그만큼 초의선사는 경화세족들에게 명성을 얻었다.

중국의 연행 길에 비싼 값을 주고 사 온 품질이 좋지 않은 가짜 차만 마시던 경화세족들에겐 초의차는 신선한 충격이었다. 초의차의 모양은 떡살에 네모 지고 둥글게 찍어낸 작은 것부터 큰 덩어리의 떡차와 벽돌차까지 만들었으며, 포장은 대껍질로 차를 단단히 싸고 여러 가지 이름을 붙여서 선물했다.[6]

초의선사는 『만보전서』와 『다경』 등 각종 차 이론서를 두루 섭렵하고 있었으며 이를 실제에 적용하여 다양한 시도를 하였다. 찻잎을 그대로 뭉쳐 머리카락처럼 엉짜인 형태로 뭉친 떡차를 만들기도 하고, 잎차를 만들 때는 댓잎을 함께 섞어 그 향이 스미게 하는 실험도 했다.[7] 그런데 그 당시의 잎차는 오늘날처럼 우리가 마시는 차와는 조금 달랐다. 잎차로 만든 덩이차를 맷돌에 갈고 가루를 내어 뜨거운 물에 함께 끓여 마시는 방식이었지 지금처럼 우려내는 방식이 아니었다.

초의선사는 1834년과 1838년에 연이어 상경하며 경화세족들에게 여러 가지의 차를 선물하였다. 이를 계기로 부쩍 차에 관심이 생긴 홍현주의 다도(茶道)가 무엇이냐는 하문에 초의선사가 『동다송』을 지으면서 우리 차는 이론 방면에서도 깊이를 갖추게 되었다. 초의선사는 이 한 편의 장시에서 차의 역사와 약리적인 효능, 우리 차의 전반적인 특징, 다신전의 채다에서 음다에 이르기까지, 그리고 자신의 다도관인 중정에 대해 일목요연하게 정리하였다.

그렇다면 초의선사가 만든 초의차는 어떤 차였을까? 차를 마신 후에 약효를 체험한 범해 각안은 문집에 초의선사가 만든 차에 대해서 구체적으로 시를 묘사 했다.

곡우에 이제 막 날이 개어도
노란 싹 잎은 아직 펴지 않았네.

다도진의_

빈 솥에 세심히 잘 볶아내

밀실에서 아주 잘 말리었구나.

잣나무 그릇에 방원으로 찍어 내어

대껍질로 꾸려 싼 다음 저장한다네.

잘 간수해 바깥 기운을 단단히 막아

한 사발에 향기 가득 떠도는구나.[8]

위의 시는 초의차가 노란 싹으로 만든 떡차임을 알수 있는 부분이다. 즉, 곡우 날 이른 새벽에 아직 잎이 펴지도 않은 노오란 새순을 딴 것이다. 새순은 새끼손가락의 손톱만큼 작은 작설 같은 찻잎이어서 세심한 손길이 필요하다. 노구솥을 뜨겁게 달군 후에 세심하고 정갈하게 덖어 밀실에서 말린다. 바짝 마른 뒤에 빻아 돌샘물로 반죽해서 잣나무 틀을 이용해 네모와 둥근 모양, 여러 가지 모양으로 다양하게 찍어낸 다음 대나무 껍질로 잘 포장해서 보관한다.

즉 떡차제다공정을 정리하면, 찻잎채취 → 노구솥에서 덖어 말리기 또는 증기로 찌고 말리기 → 마른 찻잎을 빻아 돌샘물로 반죽하기 → 잣나무 틀에 여러 가지모양 찍어내기 → 대나무껍질로 포장하기. 이처럼 대나무 껍질로 포장을 하여서, 바깥 기운을 단단히 막아 잘 지킨 덕에 차의 맑은 향기와 구수한 맛을 제대로 느낄 수 있다고 했다.

그리고 문헌 기록에서 볼 수 있는 초의차의 잎차 제다법은, 채다 → 찻잎 가리기 → 살청 → 유념 → 털기 → 차게 두기 → 점점 낮은 온도에서 살청과 유념 반복 → 밀실 재건으로 이어진다. 이 과정에서 화후를 잘하여 불기운을 조절하는 것이 관건이라고 말하고 있다. 그리고 덖기와 유념의 반복은 언급되지

약전차 　　　　　　　　〈사진제공 구경 편봉식〉

않고 재건의 과정이 반복됨을 강조했다.[9] 또 댓잎을 함께 섞어서 사용하니 북원의 이후로 제다법을 집대성 했다는 기록도 있다. 댓잎을 섞어서 만든 차는 지금의 댓잎차 또는 죽엽차라고 할 수 있다. 찻물로는 다자수지신 수자다지체 (茶者水之神 水者茶之體) '차는 물의 신이요 물은 차의 몸이 된다'는 『다신전』 '품천'을 바탕으로 삼았다. 좋은 물이 아니면 차의 다신(茶神)을 얻을 수 없고, 진차(眞茶)가 아니면 그 체(體)를 엿볼 수 없다는 것이다. 그리고 차탕(茶湯)도 다신전의 '탕변(湯辨)'에서 보이는 순숙(純熟), 결숙(結熟), 경숙(經熟)의 뜸이 잘 든 찻물의 기본을 지켰다.

　이상으로 정리 하자면, 초의차는 떡차와 잎차를 함께 만들었는데 『다신전』 과 『동다송』 편찬 이후에 잎차가 한층 더 두드러지게 나타난다.[10] 그 잎차는 오늘날 우리가 우려서 마시는 녹차가 아니라 덩이를 맷돌에 갈아 가루를 내어서 뜨거운 물에 끓여 마시는 방식이었다. 지금처럼 우려서 마시는 방법이 아니었다. 초의선사는 『다신전』 편찬 이후부터 열반까지 38년의 기간 동안 초의

차에 대한 천착은 더욱 탄력적이었다. 그런 과정에서 동다송의 편찬으로 초의차의 완성을 이루었다고 할 수 있다. 그 결과 초의차는 좋은 차, 우수한 차, 훌륭한 차로 거듭날 수 있었다.

초의차에 관한 직접적인 자료로는 산천 김명희의 「사차」시와 「다법수칙」, 황상이 초의에게 보낸 「걸명시」, 유산 정학연의 「초의차」 등이 있고, 그 밖에 신헌의 차시, 신헌구의 차시, 이유원의 「죽로차」 범해 각안의 차시에서도 초의차의 기록을 찾을 수 있다. 또 간헐적으로 보이는 추사 김정희와의 교유에서 오갔던 서찰 같은 것에서 그 준거를 찾을 수 있다.[11]

초의선사의 차 생활

다도관을 완성한 초의선사의 차 생활은 어떠했을까? 초의선사의 제자인 허소치가 전하는 말에 의하면 초의선사는 형식적이고 의례적인 번거로움을 피하고 자유롭고 검소하며 편안하게 즐기는 방법을 취했다. 그러나 좋은 차와 좋은 물을 잘 끓여서 중정(中正)을 잃지 않은 차를 원했다. 그렇다. 진다(眞茶)와 진수(眞水), 그리고 중정을 잃지 않은 차, 이것이면 족한 것이다.

여기서 초의선사의 제자인 소치 허련(許鍊)이 말하는 선사의 차 생활을 들어보자.

바로 그 노장님이 내 평생을 그르치게 만들어 놓았다고 할까요. 아주 젊은 시절 내가 선사를 만나지 않았다면 어떻게 그 멀리 돌아다닐 생각을 했겠으며 오늘날까지 이처럼 고고하고 담적하게 살아올 수 있었겠습니까. 을미년(1835년)에 내가 대흥사에 가서 초의선사를 뵈었습니다. 선사가 거처하는 곳은 두륜산 꼭대기에 있었습니다. 소나무가 울창하고 대나무가 무성한 곳에 두어 칸

초가를 얽어 그 속에서 살았지요. 수양버들은 처마를 스치고 작은 꽃들은 들에 가득하여 함께 어울려 뜰 한복판에 파둔 상하 두 연못 속에 비치어 아롱졌습니다. 추녀 밑에는 크고 작은 차 절구를 마련해 두고 있었습니다.[12]

선사의 자작시에 이런 구절이 있었습니다.

> 못을 파니 허공 중에 밝은 달이 담겨지고
> 간짓대를 이어 구름 샘을 얻었네.
> 눈앞을 가리는 나뭇가지를 잘라내니
> 석양 하늘에 아름다운 산이 저리도 많구나[13]

이와 같은 시구들이 매우 많았습니다. 선사의 그 청고하고 담아한 경지는 세속인들이 입으로 말할 수 있는 것이 아니었습니다. 매양 구름이 오락가락하는 새벽이나 달뜬 저녁이면 선사는 고요에 잠긴 채 시를 읊으면서 흥얼거렸습니다. 향불을 피워 향내가 은은히 퍼질 때에 차를 반쯤 마시다 문득 일어나 뜰을 거닐면서 스스로 취흥에 젖어 들곤 했습니다. 정적에 잠긴 작은 난간에 기대어 지저귀는 새소리 들으며 새들과 상대하고 깊숙한 오솔길을 따라 손님이 찾아올까 봐 살며시 숨어버리기도 했습니다. 초암에 있는 선사의 서가에는 서책들이 가득했었는데 그 모두가 다 연화와 패엽(貝葉)이었습니다. 나는 그 초암(一枝庵)에서 바로 그림을 그리고 글씨를 배우며 시를 읊고 경을 읽으니 참으로 적당한 곳을 만난 셈이었습니다. 더구나 매일매일 선사와의 대화는 모두 물욕 밖의 고상한 마음에서 우러나온 것이었습니다. 그러니 내가 비록 평범한 세속의 사람이지만 어찌 선사의 광채를 받아 그 빛에 물들지 않을 수가 있겠습니까. 그 빛을 받고서 어찌 세속의 티끌과 함께 할 수 있겠습니까? 노장님

이 나를 그르치게 했다는 것은 바로 이것을 두고 하는 말입니다.[14]

소치의 말처럼 물욕 밖에서 청고하고 담아하게 살다간 초의선사의 차 생활은 한 폭의 신선과 같다고 할 것이다. 이처럼 한 생에 걸림 없이 살다 간 초의선사의 차 정신은 무엇인가?

선사는 그의 다론에서 '팔덕(八德)을 겸비한 참된 물을 얻어 정차(精茶)와 어울려 체(體)와 신(神)을 규명하고 거칠고 더러운 것을 없애고 대도(大道)를 얻는 것은 어렵지 않다.' 라고 했다. 그래서 옛부터 성현들이 차를 즐겨 마시게 되었고 그 차의 성품은 군자를 닮아 사악하지 않다는 것이다. 이처럼 사악하지 않은 차, 이 차는 묘한 근원을 가지고 있어 그 근원에 집착하지 않으면 바라밀(波羅蜜)의 경지에 이른다고 한다.

일지암 초의선사 생가

바라밀이란 일체 법에 집착하지 않는 것을 말한다. 이 세상 어떠한 것에도 집착하지 않고 걸림이 없음으로써 자유자재한 경지에 이른 것을 말한다. 차를 마시면서 신(神)과 체(體)를 규명하여 건(健)과 영(靈)을 얻어 집착함이 없는 경지에 이르면 바라밀의 경지에 이른 것이다. 이처럼 현묘(玄妙)한 경지에 이를 수 있게 하는 것이 차(茶)이다.[15]

초의선사는 이처럼 바라밀에 이르는 길에서 모든 법이 불이(不二)하니 선과 차도 불이하고 제법(諸法)이 일여(一如)하다고 했다. '모든 법이 둘이 아니니 선과 차도 한 경지니라, 제법불이(諸法不二) 선다일여(禪茶一如)'라고 할 수 있다. 이러한 불이 사상(思想)은 모든 면에 나타나 선과 차가 둘이 아니고 시와 선이 둘이 아니고 시와 그림이 둘이 아니고 차와 시가 둘이 아니었다. 그리하여 선의 여가에 시를 읊고 그림을 그리고 차를 마시며 글씨를 썼으니 세인들은 시(詩), 서(書), 화(畵) 삼절(三絶)이라고 일컬었다.[16]

이처럼 선사는 차를 마시다가 시를 읊조리기도 하고, 깊은 선정(禪靜)에 들어 세상사를 잊어버리기도 하며, 고요한 초당의 난간에 기대어 새소리를 듣기도 하고, 한적한 오솔길을 따라 걸으면서 송림에 걸린 달을 보기도 하고, 향을 피워 은은히 퍼질 때 차 한 잔 달여 놓고 무심히 앉아 있으니, 선사의 고요한 가운데 고상하고 깨끗한 차 생활은 편안하였다.

이러한 초의선사의 사상은 다산과 추사에게 많은 영향을 받았으니 추사가 초의선사께 보낸 글귀 가운데 이런 사상을 내포한 글이 있다. 명선(茗禪)과 그리고 선탑다연(禪榻茶烟), 정좌처다반향초 묘용시수류화개(靜坐處茶半香初 妙用時 水流花開)가 그것이다. 이는 모두 선다일여의 경지를 천명한 것이다.[17]

제2장

『다신전』의
내용과 특징

『다신전』의 저술배경

다신전

『다신전』은 다서(茶書) 중에서 가장 종합적이고 과학적이며 체계적인 내용으로 구성되어 있다. 차 생활을 익히는데 필수적인 차 생활 입문서이며 잎 차 위주의 내용으로 마음을 향기롭게 하는 차의 지침서이다. 초의선사는 1828년에 스승을 따라 경상남도 하동 지리산 칠불암의 아자방(亞字房)에서 수행하다가 중국 명나라 때 장원이 쓴 다록(茶錄)을 청나라 때 모환문이 『만보전서(萬寶全書)』의 『다경채요(茶經採要)』에 실은 부분을 초록하였다가 1830년에 일지암에서 다시 정서함으로써 『다신전』을 완성하였다.

초의선사는 『다신전』 끝부분에서 이 책이 완성된 경위를 다음과 같이 설명하고 있다.

무자년 43세에 비가 올 때 스승(금담스님)을 따라 방장산 칠불아원 아자방에 갔다가 이 책자를 등초해서 내려왔다. 바로 정서하고자 했으나 병이 나서 마무리를 하지 못하였다. 사미승 수홍이 시자 방에 있을 때 다도를 알고자 하므로 정초하게 하였으나 그 또한 병으로 끝을 맺지 못하였다. 그리하여 참선하는 틈틈이 짬을 내어 억지로 붓을 움직여 완성하였으니, 시작이 있고 끝이 있는 것이 어찌 군자만의 일이겠는가. 총림에 혹 조주풍이 있으나, 다도를 다 알지 못하므로 이를 초록하여 보이니 가히 외람된 일이로다. 경인년 봄에, 암자에서 병으로 인해 참선을 하며 눈 쌓인 창가에서 화로를 안고 삼가 쓴다.[18]

『다신전』은 차를 따는 시기와 차를 만드는 법, 보관하는 법, 물 끓이는 법, 차 마시는 법 등을 상세하게 기록하여 이 책만으로도 차를 만들어서 우려 마실 수 있도록 했다. 또한 중정된 차 생활로 다신(茶神)을 얻어서 다도(茶道)에 이른다는 게 이 책의 핵심이다. 초의선사는 다신전을 통해 올바른 제다법(製茶法)과 끽다법(喫茶法)을 손수 익혀 마련하였으며 조선 후기 허물어진 우리나라 다풍(茶風)을 정립하였다.

『다신전』의 종류와 행방[19]

　『다신전』은 지금까지 알려진 세 종류와 만보전서에 실린 원본이 있다. 그 종류는 다음과 같다.

　첫째, 초의선사가 친필로 써서 일지암에 보관하였던 『일지암본』, 둘째, 일본인 가입일웅(家人一雄)이 옮겨 적은 『조선의 차와 선본(朝鮮의 茶와 禪本)』, 셋째, 태평양 다예관(太平洋 茶藝館)에 소장하고 있는 『다예관본(茶藝館本)』, 그리고 『만보전서』에 실려 있는 『다경채요』의 『채다론(採茶論)』의 원문이 있다.

　이상의 세 종류와 원문이 있는데 첫째의 『일지암본』은 경인년(1830) 이른 봄에 일지암에서 초의선사가 쓴 것으로 지금은 그 행방을 알 수가 없다.

　두번째 『가입일웅본(家人一雄本)』은 대흥사에 와서 필사해 간 것으로 『조선의 차와 선(朝鮮의 茶と禪)』에 옮겨 실었다. 이 본은 해남군청 산림과에 근무하는 삼림주사(森林主事) 김군보(金君寶) 씨에게 부탁을 해서 옮겨 쓴 것이다. 그러나 이 본도 오자(誤字)가 많아 다른 누군가가 필사하여 전해 오던 것으로 보인다. 가입일웅(家人一雄)은 이 본을 1939년 2월 8일에 입수하였는데 일본으로 귀국하여 큐슈(九州)의 구마모토 현(熊本縣)에서 살다가 83세(1982년)에 생을 마쳤다.

셋째, 『다예관본』은 이름을 알 수 없는 사람이 필사한 것이다. 가로가 14cm이고 세로가 19cm이며 한지(漢紙) 9장 18면으로 되어 있는데, 본문이 14면 표지(表紙)가 4면이다. 끝에는 4개의 낙관이 찍혀 있는데 동다송에 찍혀 있는 것과 똑같은 것으로 전 소장자 박영희(朴暎熙)가 가지고 있던 낙관을 찍은 것이다.

마지막으로 만보전서에 실린 채다론이 있다. 채다론은 국립중앙도서관(國立中央圖書館) 소장인 경당(敬堂) 증정 『만보전서(萬寶全書)』 권지십사(卷之十四) 다경문(茶經門) 하층(下層)의 다경채요에 수록되어 있다. 여기에 실려 있는 채다론은 다신전의 원본으로서 실질적으로 원문에 해당하는 것이다.

다도진의_

『다신전』의 구성과 내용의 특징

『다신전』은 총 22개 항목으로 구성되어 있다.

1. 채다론(採茶論) – 찻잎을 따는 법

2. 조다(造茶) – 차를 만드는 법

3. 변다(辨茶) – 차의 구별법

4. 장다(藏茶) – 차를 저장하는 법

5. 화후(火候) – 불을 다루는 법

6. 탕변(湯辨) – 끓는 물의 구분

7. 탕용노눈(湯用老嫩) – 어린 탕과 노수된 탕

8. 포법(泡法) – 차를 우리는 법

9. 투다(投茶) – 차 넣는 법

10. 음다(飮茶) – 차 마시기

11. 향기(香氣) – 차의 향기

12. 색(色) – 차의 빛깔

13. 미(味) – 차의 맛

14. 점염실진(點染失眞) – 오염된 차는 참됨을 잃는다

15. 다변불가용(茶變不可用) – 변한 차는 사용하면 안 된다

16. 품천(品泉) – 물의 성품

17. 정수불의차(井水不宜茶) – 우물물은 찻물로 적절치 않다

18. 저수(貯水) – 찻물의 저장법

19. 다기(茶器) – 찻그릇

20. 다잔(茶盞) – 찻잔

21. 식잔포(拭盞布) – 다건

22. 다위(茶衛) – 다도의 요체

그리고 말미에 발문(跋文)을 달아 놓았다.

초의선사의 『다신전』 친필본은 아직도 발견되지 않고 있다.

이 책의 『다신전』 원문은 아모레퍼시픽미술관의 『다예총서』, 부/ 일지암지 초의(草衣) 장의순(張意恂) 저(著), 김두만(金斗萬) 역(譯)을 참고하였다. 간본(刊本) 에 따라 필사 과정에서 다소 다르게 표현된 부분도 있으나, 『다신전』의 원 전(原典)으로 볼 수 있는 『만보전서』와 『다록』 그리고 『다경(茶經)』 등도 참고 하였다.

다신전은 우리나라 차 이론과 실기의 기본서이며 잎차(葉茶) 위주의 내용으 로 구성되어 있는데 제7장 탕용노눈(湯用老嫩)과 제12장 색(色)에서는 가루차를 다루는 용어와 내용을 볼 수 있다. 그러므로 『다신전』은 잎차가 기본이지만 가루차도 같이 다루었다고 할 수 있다.

초의선사는 이 책의 주제를 '다신(茶神)'이라 천명하고 차를 신격화하였다.

다도진의_

그 내용은 차를 따서 만들고, 보관하고, 끓이고, 마실 때의 유의 사항, 물의 선택과 다구 등을 통해서 다신과 만나는 절차이다. 즉 다신이란 차의 색(色), 향(香), 미(味)를 얻는 것이다. 앞서 말했듯이 다신전은 다서(茶書) 중에서 가장 과학적이고, 체계적이고 종합적인 내용으로 저술된 책이다. 이 책에서는 각 주요 장마다 본문을 초출하여 현대적 관점에서 해설을 달고 현대적 적용 방안을 모색하여 현대에 차를 마시는 차인들이 쉽게 이해하고 함께 생각하고 연구해 볼 수 있도록 하였다.

다음부터 나오는 『다신전』 본문에 번호를 매긴 것은 필자가 임의로 정한 번호임을 밝힌다.

1. 채다론(採茶論)

(제1장) 찻잎을 채취하는 것은 그 시기가 굉장히 중요하다.

採茶之候 貴及其時

1) 차나무의 생장 조건

『다신전』은 총 1,447자로 구성되어 있다. 그중에 가장 중요한 핵심적인 여덟 글자가 있다. 그것이 바로 '채다지후 귀급기시(採茶之候 貴及其時) 차를 따는

선암사 야생차밭

것은 그 시기가 매우 중요하다.'이다. 차를 따는 시기에 따라서 화학 성분과 약리적인 효능, 차의 품질, 가격까지도 결정되기 때문이다.

찻잎 채취 시기는 년 중 시기와 하루 중의 시간대, 또는 채취 방법, 날씨, 찻잎의 생육 상태, 기후와 생산지 토질 등 복합적으로 차를 채취하는 것을 말하고 있다. 현대에 찻잎 채취시 주의할 사항이 있다. 얼굴이나 손에 화장을 진하게 하거나 향수 뿌린 몸으로 찻잎을 채취할 경우에 찻잎에 그대로 베여 '점염실진'이 되므로 계곡의 흐르는 물에 손이나 얼굴을 깨끗이 씻고 의복과 몸을 청결히 한 다음 찻잎을 채취 해야 한다.

2) 맑은 밤이슬을 흠뻑 머금은 찻잎이 최상

구름 한 점 없이 맑은 날 이슬을 흠뻑 머금은 찻잎이 상품이다.

徹夜無雲 浥露采者 爲上

　『북원별록』의 차 따기 조에 새벽을 침노하며 해를 보아서는 아니 된다. '새벽에는 밤이슬이 마르지 않아 차 싹이 살찌고 촉촉하다. 해를 보면 이슬 기운이 양기에 엷어져서 차 싹의 기름기를 안에서 소모하므로 물을 받아도 선명하지 않게 된다. 그러므로 5경에 무리를 모아 산에 들어가서 북을 쳐서 일꾼들이 진시, 즉 오전 9시가 되면 차 따기를 멈춘다. 욕심을 부려 많이 채엽 하게 해서는 안 된다.'라고 적혀있다. 이 말은 해가 뜨기 전엔 모든 영양분이 이슬을 흠뻑 머금은 차 싹에 다 모여져 있지만 해가 뜨면 흩어진다. 구름 한 점 없이 맑은 날은 일교차가 크다. 일교차가 큰 날은 그렇지 않은 날에 비해 새벽 기온이 더 낮아지므로 복사냉각에 의한 이슬이 더 많이 맺힌다. 따라서 찻잎에 이슬이 흠뻑 맺혀 있는 맑은 날 새벽에 차를 따야만 영양분이 모인 차싹의 온전한 성분을 취할 수 있는 것이다.

　그리고 일교차가 큰 날 야생에서 채취한 찻잎이 향기와 맛이 좋다. 그리고 '죽림하자 차지(竹林下者 次之)' 대나무 숲에서 자란 찻잎이 차품(次品)인 이유는 대나무 숲에서 자란 찻잎은 광합성 작용이 제대로 이루어지지 않기 때문이다. 그러므로 산골짜기의 야생에서 자란 찻잎이 가장 좋고 대나무 숲에서 자란 것이 그 차품인 것이다.

3) 한낮에 찻잎을 채취하는 것

한낮에 채취한 찻잎은 차품(次品)이고
비가 내리거나 흐린 날은 찻잎을 채취하지 않는다.
日中採者 次之 陰雨下不宜採

햇빛이 강한 낮에는 찻잎을 채취하지 않는다. 그 이유는 햇빛이 강한 낮에는 광합성 작용으로 인하여 잎에서 만들어진 성분들이 뿌리, 줄기, 잎으로 분산되기 때문이다. 그리고 비가 오거나 흐린 날 찻잎을 채취하지 않는 이유는 비 올 때 찻잎을 채취하면 뿌리에서 삼투압으로 흡수된 물이 흐린 날로 인해 수분이 분해되지 못하고 잎에 그대로 남아 있게 되므로 차의 향기가 없을 뿐 아니라 덖을 때 수분으로 인하여 살청이 제대로 되지 않기 때문이다.

일중채자 차지(日中採者 次之)

다도진의_

4) 차나무 재배 토양

　뿌리가 깊은 차나무는 열대, 온대, 아열대성 기후에서 잘 자라는 식물로 연평균 기온이 13℃~16℃가 좋으며, 강우량은 1,300~1,500mm가 적당하다. 겨울철 최저 기온은 -5℃ 이상의 지역이 좋고, 최저 기온이 -13℃ 이하가 계속 되면 청고현상과 적고현상 등 차나무 뿌리의 윗부분이 갈라지는 현상이 나타나 잎과 줄기 부분이 동사(冬死)하거나 차나무 전체가 고사(枯死)하고 만다.

　차나무는 관목과 교목으로 나눌 수 있다. 차나무가 잘 자랄 수 있는 토양의 산도는 pH 4.5~5.5 정도의 약산성 토양이 좋다. 다져진 논바닥이나 찰흙 같은 땅에서는 뿌리를 잘 내리지 못한다. 차나무의 뿌리는 1m~2m이상 깊게 내려가는 직근성 식물로 10~20년마다 줄기를 갱신해 주면 50~100년 이상 잘 자라는 수명이 아주 긴 식물이다. 차나무가 잘 자랄 수 있는 토양은 통기성(通

하동 야생 차밭

氣性), 배수성(排水性), 보수성(保水性)이 좋아야 한다. 통기성은 공기의 흐름이 좋은 땅이고, 배수성은 물 빠짐이 좋은 땅이며, 보수성은 물을 간직할 수 있는 힘이 있는 땅이다.

5) 찻잎의 색상

차는 자주색 빛이 나지 않는 것이 최고.

찻잎은 자주색 빛이 나는 것이 최고.

茶非紫者爲上, 茶芽紫者爲上

이 구절은 다신전 1장에 나오는 구절로 찻잎의 색은 어떤 색이 최고의 색인가 하는 것이다. 여러 학자와 여러 다서에서 수십 년 동안이나 찻잎은 자줏빛이 좋다고 해석하고 있다. 그러나 『다신전』

푸른색의 찻잎

의 여러 판본은 하나 같이 비자(非紫, 자색 아닌 것)가 최고라고 한다. 반면에 『다신전』의 모본이 되는 『만보전서』나, 『만보전서』의 원본에 해당하는 장원의 『다록』에 해당하는 구절에는 '다아자자위상(茶芽紫者爲上)'으로 되어 있다. 즉 '비(非)'라는 글자가 없다. 하지만 초의선사는 『다신전』에 '비(非)'라는 글자를 넣었는데, 많은 해석자가 『다록』을 참고하여 대체로 자색, 즉 자줏빛 찻잎이

다도진의

최고라는 의미로 풀이하여 왔다.

현대의 과학적 분석에 따르면 자주색의 찻잎은 돌연변이거나, 인공 삽목에 의해 생겨나는 품종이기 때문에 자연 그대로의 자주색이 나는 찻잎은 최상의 찻잎이라고 할 수 없다. 중국에서는 실제로 돌연변이에 의한 찻잎을 품종 개량을 거쳐 찻잎으로 만든 고저 자순차, 자연차, 자조차등 고급 차를 생산하기도 한다. 이는 예외적인 경우라고 해야 할 것이다.

식물이 살아가기 위해서는 반드시 광합성 작용이 필요하다. 광합성의 4대 요소는 물과 이산화탄소와 햇빛과 엽록소이다. 즉, 뿌리에서 물관을 통해 물을 빨아들이고, 공기 중에서 잎의 기공을 통해 이산화탄소를 흡수하고, 엽록소를 통해 빛에너지를 받아 들여서, 체관을 통해 이동되어 포도당과 녹말 및 산소를 만들어 낸다.

식물 대부분의 잎은 녹색을 띠고 있다. 그 이유는 녹색의 엽록소가 빛에너지를 흡수하는 역할을 하기 때문이다. 그리고 찻잎이 주름지고, 말리고, 조릿대 잎같이 생기고, 광택이 나는 것은 광합성작용이 잘 이루어지지 않은 영양이 부족한 상태인 것이다.

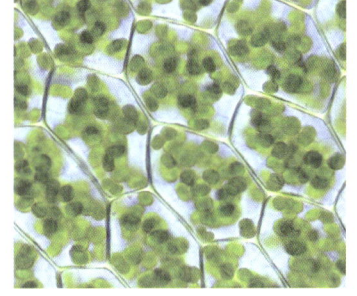

엽록소

2. 조다(造茶)

(제2장) 가마솥 온도가 최대로 높아졌을 때 찻잎을 넣어 빠르게 덖되
이때 불기운을 낮추어서는 안 된다.

候鍋極熱 始下茶急炒 火不可緩.

1) 현대의 덖음차 제다 공정

차를 만드는 작업은 체험하지 않고서는 말로 표현하기가 어렵다. 이 책은
하동 모암 마을의 보리암 다원 김양수씨의 '특우전' 녹차의 전통 제다 공정을
방문하여 설명을 듣고 녹취하여 기록한 것이다. 김양수씨의 경험에 의하면 특
우전의 제다 공정은 '차를 만들 때는 온몸의 힘을 다해서 심혈을 기울여야 하고
짧은 시간 안에 일정한 양의 차를 만들어야 하므로 긴장을 놓을 수 없다.'고
했다.

덖음차 공정은 차의 품질을 결정하는 가장 중요한 공정으로 열처리 온도가
너무 높으면 찻잎이 타게 되고 너무 낮으면 폴리페놀 성분이 효소에 의해 산
화가 일어나 붉은색을 띠게 되므로 온도 조절에 주의하여야 한다. 녹차는 찻
잎을 채취하여 덖거나 증기로 쪄서 산화가 일어나지 않도록 만들어진 비산화
차로써 녹색의 색상과 수색, 신선한 향기가 특징이다.

녹차의 기본 제다 공정은 살청(殺靑), 유념(揉捻), 건조(乾燥) 순으로 이루어진다.

살청은 생엽에 효소를 실활(失活)시켜 성분의 산화를 막아 녹색을 유지하

다도진의_

고, 풋 냄새를 제거하며, 수분을 증발시키고 엽질(葉質)을 부드럽게 하여 다음 공정인 유념 작업을 더욱 쉽게 하기 위한 작업으로 녹차의 가공법에서 가장 중요한 공정이다.

유념은 제다 공정에서 마지막 열처리를 제외하고는 한 번 덖음과 한 번의 유념만을 해 준다. 차 품질에 큰 영향을 미치는 유념은 수분함량을 조절하기가 매우 어렵지만 비비기가 기계에 비하여 약하기 때문에 차의 형태와 맛과 품질이 기계 작업보다 좋다고 할 수 있다. 또한, 이 같은 수공 제다법은 자동 생산 시설에 의한 기계 제다법보다 제품의 균일화와 대량생산에 의한 가격의 저하 차원에서는 경쟁력이 약하겠지만 장점을 살리고 단점을 보완한 섬세한 수작업으로 우량한 제품을 생산함으로써 차의 고급화를 선도할 수 있다.

살청

덖음차의 제다 공정[20]

공정	투입량 (생엽㎏)	온도(℃)	손 유념, 건조	시간(분)	수분함량(%)
1회 덖음	1,000	380	약하게	3~4분	60
건조	600		열풍, 자연 건조	1시간	40
건조	300	42	온돌 건조	12시간	10
열처리	200	130	가향처리	2시간	3

2) 「특우전」의 전통 제다 공정[21]

(1) 채다(採茶)와 살청(殺靑)

찻잎을 따는[採茶] 시기는 그해 날씨에 따라 조금씩 다르지만 밤사이 구름 한 점 없이 아침 이슬이 흠뻑 내린 맑은 날 차를 채취한다. 보통 연중은 곡우 5~10일 전부터 한 개의 순(筍)만을 손끝으로 채취한다. 세작, 중작, 대작은 곡우부터 일주일 동안은 1창 1기, 1창 2기를 채취하고, 다음 일주일은 1창 3~4기 순으로 채취한다. 찻잎을 따는 하루 중의 시간은 오전 6시부터 오후 6시까지 하루종일 채다(採茶)를 한다.

차밭에서 오전에 딴 찻잎들은 신속히 제다 작업장으로 옮겨서 잡스러운 것들을 가려내고 신선하고 좋은 찻잎들로만 준비해서 서늘한 곳에 펼쳐 둔다.

차를 덖을 때는 가마솥의 크기에 따라 찻잎의 양이 정해진다. 보리암 다원의 특우전의 경우 1,000g의 찻잎을 380℃의 가마솥에 넣고 빠른 속도로 3~4분 정도 덖어낸다. 최대한 빠르게 덖어내야만 완성된 녹차의 색깔이 맑고 깨끗하다. 참고로 이 다원의 찻잎은 계곡의 야생 찻잎임을 밝힌다.

(2) 유념(揉捻)과 건조(乾燥)

유념은 '특우전'의 경우 가마솥에서 덖은 찻잎을 멍석으로 바로 옮겨 수작업으로 한다. '세작'이나 '중작'의 경우는 기계 유념을 하기도 하지만, 특우전이나 우전의 경우에는 손으로 직접 한다. 유념할 때의 손의 힘의 정도는 특우전은 손에 힘을 뺀 상태에서 살짝살짝 비비기를 한다. 그리고 유념의 시간도 10분 정도로 짧게 한다. 유념의 정도에 따라 차 성분이 우러나는 정도가 다르므로 가압의 정도는 어린잎은 가볍게, 경화된 잎은 무겁게 한다. 압력을 가할

유념

때는 '가볍게-세게-가볍게' 방식으로 한다.

　건조공정은 구수한 향미가 남아 있도록 하며, 수분함량은 3~4%까지 건조한다. 한 번의 살청과 한 번의 유념을 마친 찻잎은 건조해야 하는데, 가마솥에서 건져낸 찻잎은 수분함량이 높아서 잠시 열풍건조를 가볍게 한 다음 자연건조를 한다. 이때 수분을 빨리 제거해 주지 않으면 찻잎이 상하게 되어 차의 색이 변하고 신맛이 나게 마련이다. 건조는 차를 만들 때 가장 중요한 단계이며 찻잎과 만드는 사람이 혼연일체가 되어야 하는 순간이다. 찻잎에 함유된 맛있는 향과 맛을 살리기 위해 정교한 과정 하나하나에 심혈을 기울여야 한다. 그렇게 건조하고 남은 수분은 황토방에 높은 온도(42℃)로 불을 지펴 삼베 포를 깔고 12시간을 온돌 건조시킨다. 그런 다음 마지막으로 또 한 번의 열처리 공정에서는 깊이가 깊은 가마솥에 130℃ 의 온도에서 2시간 동안을 계속 덖으면서 마지막 가향 작업을 한다. 따라서 차를 만드는 사람은 차 자체를 아주 소중하게 생각해야만 한다. 좋은 차를 만드는 최고의 기술은 차를 만드는 사람의 마음인 것이다.

제다 실습

3) 찻잎 덖고 비비는 과정이 카테킨 함량 좌우[22]

　농촌진흥청과 전라남도농업기술원 차 산업 연구소는 녹차와 홍차를 생산할 때 가공 과정에 따라 '카테킨' 함량이 달라지는 것을 확인했다.

　1) 녹차와 홍차에는 플라보노이드의 하나인 카테킨(catechin) 성분이 들어있어 항비만, 당뇨 개선, 알츠하이머 예방 등에 효과가 있다.

　2) 특히, 카테킨 중 하나인 테아플라빈(theaflavin)은 홍차에서만 확인되는 물질로 항산화, 항균, 항종양, 항염증 작용을 하는 것으로 알려져 있다.

　3) 녹차와 홍차에 카테킨 4종, 테아플라빈 4종, 플라보놀 16종 등 모두 24종의 플라보노이드 성분이 들어있는 것을 확인했다.

　4) 가공 단계별로 플라보노이드 성분을 관찰한 결과 가공하기 전의 찻잎을

250~300도(℃)에서 10분 동안 덖으면 카테킨 함량이 100g당 4.5g에서 8.3g으로 약 2배 늘었다.

5) 이는 덖는 과정에서 수분이 줄고 고온이 카테킨 산화를 유도하는 폴리페놀 산화 효소(polyphenol oxidase) 활성을 억제하기 때문이다.

6) 홍차는 향이 우러나게 하는 비비기와 발효 과정을 거치면서 100g당 4.5g이던 카테킨 함량은 0.9g으로 줄지만, 테아플라빈 함량은 100g당 0.1g에서 0.3g으로 늘었다.

7) 이는 카테킨이 산화 과정을 거쳐 테아플라빈으로 전환되기 때문으로 밝혀졌다.

8) 농촌진흥청은 이번 연구 결과를 유럽의 식품 관련 학술잡지(European Food Research and Technology)에 게재했다.

9) 농촌진흥청 국립농업과학원 식생활영양과 유선미 과장은 "이번 연구는 찻잎 가공 단계에서 가공 방법을 조절해 플라보노이드 함량을 조절하는 기반 기술로 활용될 수 있을 것이다."라며,

10) "식품의 형태에 따라 변하는 기능 성분의 특성을 조사하는 분석 기술이 녹차 산업 발전에 도움이 될 것으로 기대된다."라고 말했다.

특우전 녹차

녹차 제조에 따른 카테킨 함량 변화 (mg/100g 건조중량)

생잎(4,509) → 첫 덖음(8,310) → 비비기(6,925) → 1차 건조(7,439)
→ 2차 건조(7,917) → 마무리 건조(7,913) → 제품(8,857)

홍차 제조에 따른 카테킨/테아플라빈 함량 변화

생잎(4,509/148) → 시들리기(4,692/106) → 비비기(2,563/165) → 상온발효(934/301)
→ 1차 건조(1,428/486) → 마무리 건조(1,460/481) → 제품(1,803/637)

4) 가마솥의 종류와 원리

가마솥

살청(殺靑) 솥

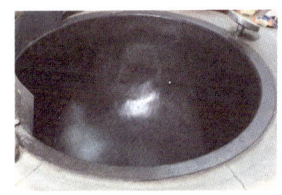
가향 작업 솥

차밭에 찻잎은 많아도 향기는 없다. 차의 향기는 가마솥에 덖어야만 피어나기 때문이다. 차를 제다(製茶) 함에 있어서 꼭 필요하고 중요한 것이 가마솥이다. 가마솥은 새로 만든 솥을 가장 꺼린다. 쇠 비린내가 한번 배면 다시는 차향기가 살아나지 않기 때문이다. 더 꺼리는 것은 기름기 있는 솥으로 쇠보다 더 해롭다. 솥은 반드시 윤이 나도록 잘 닦아 두었다가 찻잎을 따오는 즉시 바로 넣어 덖도록 해야 한다. 그리고 가마솥은 종류에 따라서 쓰임새가 다르고 형태도 다양하다. 가마솥의 종류는 크게 부(釜), 복(鍑), 노구솥과(鍋), 정(鼎)의 네 가지로 구분할 수 있는데 종류별로 살펴보면 다음과 같다.

(1) 가마솥 부(釜)

흔히 가마솥이라 칭하고 일반적으로 아주 큰 편이어서 부뚜막에 고정시켜 놓고 사용한다. 밑은 약간 둥글고 옆은 편평하고 우묵한 솥이며, 일반적으로 전이 있는 큰 무쇠솥의 범칭이다. 통상적으로 국물 요리와 주식인 밥을 취사하는 용도로 많이 쓰였고 뚜껑은 부침개 요리를 하는 데 주로 사용하였다. 이 솥은 우리 조상들이 떡차를 만들 때 증기를 이용해서 찻잎을 찌는 데 이용했다.

(2) 가마솥 복(鍑)

복사열이 많이 발생하도록 입구를 오므라지게 만든 솥으로 장작불로 오랜 시간 동안 탕을 끓일 때 아주 적합하다. 이 솥은 찻물과 차탕을 끓이는 용도로 사용되는데 다경(茶經)의 자다법에서 병차(餅茶)를 끓일 때 이용된다.

(3) 무쇠(노구)솥 과(鍋)

무쇠로 만든 이 가마솥은 열전도율이 낮아 강한 열을 받아도 쉽게 전달되지 않는다. 그래서 뜨거워지는 데는 시간이 걸리지만 일단 달구어지면 고온의 복사열을 잡을 수 있다. 복사열은 원적외선이고 높은 온도에서도 찻잎이 타지 않는다. 이러한 원리로 장시간 높은 온도를 유지할 수 있는 것이 특징이다.

찻잎을 덖을 때는 두 종류의 무쇠(노구)솥 과(鍋)를 사용하는데 두께가 두껍고 깊이가 얕은 것과 두께가 중간 정도이고 깊이가 깊은 것이 있다. 깊이가 얕고 두께가 두꺼운 솥은 전통 부초차(釜炒茶), 즉 덖음차를 만들 때 사용한다. 그 이유는 원적외선의 높은 고온에서도 찻잎이 타지 않고 깊이가 얕아서 살청을 할 때 수분을 빨리 날려 보낼 수 있기 때문이다. 그리고 깊이가 깊은 과(鍋)는 제다의 마지막 단계인 건조와 가향(佳香)처리 작업을 할 때 사용된다. 솥의 모양이 오목한 것은 마지막에 향이 날아가지 않도록 하기 위함이다. 차를 만드는 이 가마솥은 뚜껑이 없는 것이 특징이다. 또 이 무쇠솥은 볶거나 덖거나 하는 용도로도 사용되는데 볶는 것은 수분이 거의 없는 음식이나 재료에 열을 가하여 저으면서 익히는 것이다. 즉 참깨나 콩 등은 볶고 그리고 덖는 것은 수분이 있는 채소 종류나 찻잎을 타지 않을 정도로 이리 저리 저으면서 익히는 것으로 찻잎을 덖고 뽕잎과 감잎을 덖는다고 말한다.

(4) 솥 정(鼎)

가마솥 정(鼎)

정(鼎)은 다섯가지 맛을 조화롭게 하는 조리기구로 균형을 유지하는 발이 3개이며 양쪽에 귀를 달고 있는 삼족정의 형태이다. 위쪽은 글자 모양을 본떴고 아래쪽은 장작을 지피는 모습을 본떴다. 삼례(三禮)를 조사해 보면 정(鼎)에 담는 것은 모두 희생물이지만 『주역』 정괘(鼎卦)의 상(象)에는 음식을 삶거나 솥 안의 음식을 뒤섞는다는 뜻이 있으니 이 역시 음식을 익히는 도구인 것이다.[23] 그러나 이 솥은 음식을 익혀 먹던 조리 도구가 아닌 신에게 바칠 음식을 담았던 솥이기도 하다. 그래서 정(鼎)자가 다른 글자와 결합할 때는 주로 제사나 점괘, 신, 솥과 같은 의미를 전달하게 된다.

3. 변다(辨茶)

차에는 묘(妙)함이 있다. 차의 묘(妙)함은 만들 때의 정성과 보관할 때 건조하게 하는 것과 차를 우릴 때 중정을 잘 지켜야 한다. 차의 품질이 좋고 나쁜 것은 처음 덖는 가마솥에 있고, 차의 맑고 탁한 것은 마지막에 덖는 솥의 불과 관계된다.

차를 덖을 때 솥의 온도가 높으면 차의 향이 맑고 낮으면 색 향 미가 약하다. 불이 너무 강하면 찻잎이 생으로 타고 불이 약하면 청취색을 잃는다. 찻잎을 너무 오래 덖으면 너무 익어 버리고 덜 덖으면 설익는다. 차가 너무 익으면

황색이 되고 설익으면 흑색이다. 불이 조화로우면 달고, 조화롭지 못하면 떫다. 흰 점이 있는 것은 보통이며 차가 타지 않으면 가장 좋다.

본 장은 차의 묘함을 잎차로 덖음차를 만들 때 불 다루기와 가마솥에서 만드는 방법과 분별하는 방법으로 설명하고 있다. 차의 색은 차나무에 달려 있을 때와 땄을 때 어린잎의 색깔과 이것을 덖었을 때의 완성품의 색깔, 그리고 이 차를 우렸을 때의 탕색 등, 그 모두가 다르다. 이러한 분별력은 과거엔 불을 다루는 기술, 즉 불 살피기에 있었지만 오늘날에는 가마솥도 전기와 가스 등을 이용해 불을 지피기 때문에 불을 다루는 기술은 문명의 뒷전으로 밀려나고 말았다.

4. 장다(藏茶)

(제4장) 차를 보관할 때 바람을 쐬거나

불 가까이 두면 안 된다.

切勿臨風近火

차를 보관하는 일은 차인들에게 매우 중요한 일이다. 아무리 좋은 차를 만들었다고 해도 보관을 잘못하면 차가 가진 본래의 진색(眞色), 진향(眞香), 진미(眞味)를 잃게 된다. 품질 좋은 차를 고르는 것만큼이나 저장, 보관하는 방법도 중요하기 때문에 잘 살펴야 한다. 찻잎이 변질하게 되는 원인은 수분, 온도,

주석차통

산소, 빛, 효소 등의 작용 때문이다. 차를 보관하는 곳은 서늘하고 밀폐된 곳이어야 한다. 대기 중의 공기의 성분은 산소가 21%, 질소가 78%, 이산화탄소가 0.033%, 그 외 기체가 0.937%로 구성되어 있다.

차를 보관하는 방법은 여러 가지가 있다. 우롱차의 경우는 산소를 다 빼고 진공 상태로 보관한다. 시중의 과자 봉지도 산소를 빼고 질소를 가득 채워서 보관한 것을 볼 수 있다. 그 이유는 과자가 빨리 변질되지 않게 하고 부서지는 것을 방지하기 위해서이다. 질소는 불활성 기체이고 산소는 활성 기체이기 때문이다.

차는 서늘하고 건조한 것을 좋아하고 차고 습한 것은 싫어한다. 그리고 주변의 냄새와 습기를 잘 빨아들이므로, 외부 공기와 닿으면 곧 산화되어 버린다. 그러므로 차를 보관할 때에는 광선이나 화학반응을 차단할 수 있는 알루미늄이나 주석통 혹은 나무통 등에 경경축실(輕輕築實)하게 담고 차를 소분해서 담는 작은 봉지는 알루미늄이나 은박지, 그리고 냄새나지 않는 고급 비닐에 담는다.

『다신전』 장다(藏茶)에서 말하는 주 보관 방법은 불과 햇빛을 피하고, 바람을 피하고, 냄새와 습기가 없고, 산소가 통하지 않는 서늘한

차 전용 냉장고 보관의 예

그런 곳에 보관해야만 상하지 않고 맛있는 차를 오래 두고 마실 수 있다.

요즘은 차 전용 냉장고가 있어 보관이 편리하다.

5. 화후(火候)

1) 전기 포트의 뜸들임

> (제5장) 차 생활의 요체는 불을 잘 살피는 일이다.
>
> 烹茶旨要 火候爲先

과거엔 숯을 이용해 불을 피워서 물을 끓였다. 아무리 좋은 차와 좋은 물이 있어도 불 다루기를 잘하지 못하면 풍미로운 차를 우려낼 수가 없다. 불이 약하여 물이 덜 익으면 차의 맛이 나타나지 않고 불이 너무 강하면 물이 너무 익어 차의 맛을 제압한다. 그러므로 물을 끓일 때 불의 세기를 적절하게 조절하여 중화(中和)를 얻어야 한다. 그 중화란 물의 끓음이 순숙(純熟), 결숙(結熟), 경숙(經熟)이 되었을 때 중화를 이룬 상태이다.

그러나 현대에는 일반적으로 전기 포트를 비롯하여 직화용 탕관(湯罐), 그리고 돌솥이나 철병(鐵瓶)에도 전기에너지를 이용하여 물을 끓이기 때문에 오늘날의 차인들은 문명의 발달이 가져다주는 편리함을 누리고 있다. 그렇지만 차는 알맞게 끓여서 뜸이 잘 든 경숙된 물로 우려야 하는 것은 예나 지금이나

다도진의

다르지 않다.

현대에는 대부분 가스나 전기를 이용하기 때문에 불꽃의 조절이나 연기와 냄새는 걱정할 필요가 없다. 즉 중화(中和)를 얻기가 수월해졌다고 할 수 있다. 하지만 전기 포트는 100℃에 끓기가 막 도달하자마자 바이메탈의 온도 센서 스위치가 꺼진다. 말하자면 불이 약하여 물이 덜 익게 되는 것이다. 물이 덜 익으면 차의 맛이 제대로 나타나지 않는다. 게다가 전기 포트로 찻물을 끓이게 되면 뜸 들이는 과정이 없다. 뜸을 들이지 않고서는 다신(茶神)을 얻을 수 없다. 뜸들임의 중요성을 알아보기 위해 달걀로 실험을 해 보았다. 먼저 실온의 달걀을 다음 4가지 방법으로 실험을 하였다.

2) 달걀 실험 4가지

(1) 처음부터 달걀을 넣고 3분 끓이고 달걀을 꺼낸다.
(2) 처음부터 달걀을 넣고 3분 끓이고 3분 동안 뜸을 들인다.
(3) 물이 끓은 후 달걀을 넣고 3분 끓이고 꺼낸다.
(4) 물이 끓은 후 달걀을 넣고 3분 끓이고 3분 동안 뜸을 들인다.

달걀 실험

위의 실험 결과는 (1)와 (3)는 달걀이 익지 않고, 뜸을 들인 (2)와 (4)는 달걀이 완숙된다. 뜸은 열 전달이다. 물 끓임에 있어서 뜸들임은 매

우 중요하다. 뜸을 들일 수 없는 전기 포트로 찻물을 끓이는 것은 순숙, 결숙, 경숙을 얻지 못하는 것이다

6. 탕변(湯辨)

(제6장) 탕은 크게는 세 가지, 작게는 열다섯 가지로 구분된다.

물의 기운이 전부 사라지는 때를 가리켜 순숙(純熟)이라 하고

솟구치던 소리가 없어지면, 이때를 결숙(結熟)이라 한다.

김이 한꺼번에 탕관 밖으로 나오는 때는 경숙(經熟)이라 한다.

湯有三大辨 十五小辨, 水氣全消 方是純熟, 直至無聲

方是結熟, 直至氣直沖貫 方是經熟

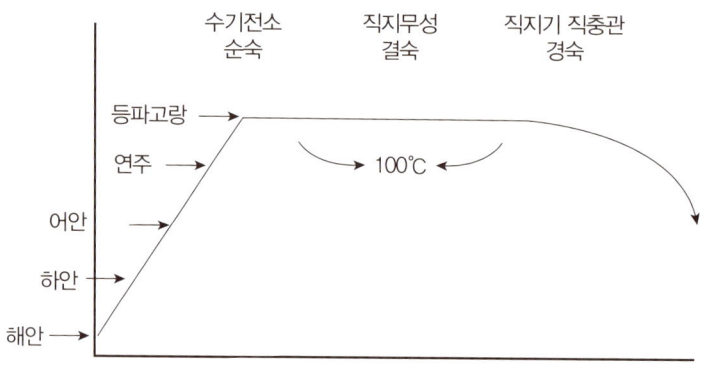

순숙(純熟) 결숙(結熟) 경숙(經熟)

다도진의_

초의선사는 장원의 『다록』과 『만보전서』의 제6장, 탕변에서 탕의 분별 3단계가 순숙, 순숙, 순숙으로 되어있는 것을 『다신전』 탕변에서는 순숙, 결숙, 경숙, 3단계의 순서로 고쳐서 정리하였다. 먼저 탕속 물의 기운이 흩어지는 때를 순숙이라고 하고, 솟구치던 소리가 없어진 때를 결숙이라 하며, 김이 한꺼번에 탕관 밖으로 솟구쳐 나오는 때를 경숙이라 한다. 다시 말해 순숙은 물이 끓기 시작해서 '수기전소(水氣全消)'가 되었을 때를 가리키는 것이고, 결숙은 수기전소된 물이 끓기 시작해서 불규칙하게 솟구치던 소리가 끝났을 때를 가리키며, 경숙은 화로에서 탕관을 내려 한꺼번에 쏟아진 김이 빠져나가고 뜸이 잘 든 때를 이르는 것이다. 그러므로 찻물은 순숙, 결숙, 경숙된 탕을 사용해야 다신을 얻을 수 있다. 그리고 물 끓임은 빨리 이루어져야 마땅하다.

7. 탕용노눈(湯用老嫩)

(제7장) 채군모는 탕을 쓸 때 어린 탕은 쓰고

늙은 탕은 쓰지 않는다.

蔡君謨 湯用嫩而 不用老

채군모라는 사람은 찻물을 쓸 때 약간 덜 끓은 어린 탕을 쓰고 오래 끓인 노숙된 탕은 쓰지 말라고 했다. 채군모는 북송사람이다. 송대에는 가루차를 점다해서 마신 시기이다. 가루차를 점다할 경우 찻물은 용천연주로 끓은 물이 찻가루와 융합하기에 알맞다. 그런데 너무 오래 끓인 늙은탕을 사용하게 되면 차의 유화가 가라앉아 버린다. 우리가 물을 끓일 때 물은 끓이는게 있고 졸이는게 있다. 즉 찻물을 끓일 때는 알맞게 끓여 뜸이 잘 든 탕은 좋고, 탕이 반으로 줄어들 만큼의 오래 끓인 탕은 물의 진성을 잃어버렸으므로 차탕으로 좋지 않다. 찻물을 끓일 때는 물을 끓이는 것이 목적이지 졸이는게 목적은 아니기 때문이다. 끓인 물을 끓이고 또 끓이게 되면 탕이 산성화되어 용존산소율이 없어지고 본성을 잃어버려 늙은 탕이 되어버린다. 이는 육우도 경계하였던 등파고랑이 지속된 탕을 말한다. 그러므로 찻물은 계속 끓여서 졸이지 말고 알맞게 끓여 뜸이 잘든 경숙된 물을 사용해야 한다. 이것이 바로 탕용노눈의 핵심이다.

8. 포법(泡法)

　　(제8장) 차와 물을 알맞게 물을 부어 중정을 잃지 않도록 해야한다.
　　　　　不可過中失正

① 포법의 핵심은 중정이다. 예나 지금이나 차를 우리는 데 있어 중정이 매우 중요하다. 이 책에서는 현대적 관점에서의 포법을 적용하였다. 물은 잘 끓여야 한다. 물을 끓이지 않으면 물의 비린내가 없어지지 않아서 차탕을 손상시킨다. 물 끓이기가 잘 이루어진 경숙된 물을 다관(茶罐)에 부어 냉기를 제거한

후 따라낸다. 다관이 따뜻해야 차를 넣었을 때 차의 향기가 피어오른다. 이때 다관의 뚜껑은 열어두어야 다관 속에 잠재되어 있던 비린 것들이 날아간다.

② 따뜻해진 다관에 찻잎을 적당히 넣으면 차의 향기가 피어오른다. 이때의 향기는 최고 다신의 차향이라고 할 수 있다. 향기가 피어나지 않거나 잘못된 향이 난다면 차가 이미 변한 것이다. 향기가 피어났을 때 뜸이 잘든 경숙된 물을 중정으로 붓는다. 봄에 처음 만든 청취(靑翠, 비취)색의 차는 물의 온도를 크게 높일 필요가 없지만 철이 지나 녹색으로 변한 차는 물의 온도를 높여야 한다.

③ 차를 우리는 시간은 본인의 기호에 맞게 중정의 시간을 정하면 된다. 차의 양이 많으면 쓰고 떫은맛이 나며 향이 묻혀 버리고, 물이 많으면 색이 연하고 맛이 싱겁다. 찻잎의 많고 적음도 잘 가늠하여 중정(中正)을 잃지 않도록 한다. 차는 뜸이 잘든 경숙된 뜨거운 물로 우려야만 차의 성분을 제대로 추출할 수 있다. 감칠맛인 아미노산을 선호한다면 온도를 낮춰서 우려도 무방하다.

④ 차를 우리는 횟수는 다관에 사포닌 성분의 잔거품이 상부에 엉기어 금방 꺼지지 않을 때까지 우리면 되고 또한 차가 맛이 있을 때까지 우리면 된다. 이

다관의 사포닌

또한 중정이 필요하다. 맹물을 다관에 따르면 거품이 금방 사그러지지만 차의 사포닌 성분이 남아 있으면 거품이 쉽게 사라지지 않는다. 이렇게 차와 물이 잘 어우러져 중화를 이룬 뒤에 찻잔이나 숙우에 따라 마신다.

⑤ 찻잔에 차를 따를 때도 중정이 필요하다. 차탕의 맛을 고르게 하기 위해서는 한 번에 다 따르지 않고 반씩 두 번에 나누어 따른다. 예를 들어 세 명이 차를 마실 때는 1번, 2번, 3번 잔 순으로 따른 후 역순으로 3번, 2번, 1번 잔 순으로 따른다. 우려낸 차탕도 중정으로 고르게 분배되게 한다. 숙우를 사용하면 뜨거운 차의 온도를 식혀서 마실 수 있다.

⑥ 차를 따를 때의 높이도 너무 높거나 낮으면 풍미가 떨어진다. 찻잔의 70%는 차탕을 채우고 나머지 30%는 정(情)을 채운다.

⑦ 차의 맛은 물에 우러난 성분과 그 농도가 결정한다. 그 변수는 여러 가지가 있는데 차의 품질, 물의 종류, 차의 양, 물의 양, 물의 온도, 우리는 시간, 횟수 등이 있다.

⑧ 차를 마실 때는 뜨겁지 않게 65℃ 이하의 온도나 우리 몸의 체온과 비슷한 온도로 마시면 좋다.

⑨ 음다(飮茶)를 한 후엔 찬물로 깨끗이 다관을 씻어내고 마지막으로 뜨거운 물로 다관을 소독해서 두면 훨씬 더 청결한 차 생활을 할 수 있다.

다도진의_

9. 음다(飮茶)

(제10장) 차를 마실 때는 사람이 적을수록 좋다.

飮茶以客 少爲貴

1) 65℃ 이상의 뜨거운 음료는 발암물질

본문 10장의 음다(飮茶)에서는 차를 마실 때 사람 수가 적을수록 고귀하게 여긴다. 혼자서 마시면 신(神)의 경지이고 둘이서 마시면 최고(勝)이다. 서넛이 마시면 취미이고 대여섯이 마시면

칠팔왈시(七八曰施)

그저 평범하고 일고여덟 명이 마시면 그저 차를 베푸는 것에 불과하다.

'음다'에서는 차를 마실 때의 손님의 숫자에 대해서 이야기하고 있다. 손님이 많으면 고상하고 우아한 분위기가 없게 된다. 그래서 차를 마실 때는 어수선한 분위기보다는 우아하고 고상한 분위기의 독철왈신(獨啜曰神)이나 이객왈승(二客曰勝)으로 마시면 최고인 것이다. 그리고 차를 마실 때는 찻물 온도가 매우 중요하다. 여기에서는 차를 마실 때의 찻물 온도에 대해서 논하고자 한다.

박동춘의 저서 「우리 시대 동다송」[24]에 보면 다음과 같은 글귀가 나온다.

원래 우리 차는 뜨거웠다. 응송스님은 뜨거운 차를 즐겨 드셨다. 이는 초의 선사 스님으로부터 이어온 대흥사의 음다법(飮茶法)이다. 만약 큰 스님께서 차를 내오라 하시면 천장에 달아 놓은 도르래에 주전자를 매달아 숯불에 주전자를 올려서 물이 끓으면 한 줌의 차를 얼른 넣고 끈을 당겨 주전자를 내려놓은 후 찻잔에 따라 손님께 올렸다고 한다. 이처럼 뜨겁게 차를 마셨다. 이전에는 지금처럼 찻물 온도를 식히기 위한 용구인 숙우는 사용하지 않았다. 뜨거운 차를 선호한 것은 우리의 자연환경과 경험이 만들어 낸 방법으로, 뜨거운 물에 우릴 수 있고 열탕을 견딜 수 있는 차 품을 만든 것은 누대(累代)에 걸쳐 축적된 차 응용의 지혜이다.

옛날에는 차를 뜨겁게 마셨다. 명(明)나라 이시진(李時珍, 1518~1593)은 『본초강목(本草綱目)』에서 '차는 뜨겁게 마셔야지 차게 마시면 담이 뭉친다.'고 했다. 이정비(李廷飛)는 '대개 차를 마실 때는 마땅히 뜨거워야 하고 마땅히 조금 마셔야 하며 마시지 않는 것이 더욱 좋다. 공복에는 가장 금한다.'라 했다. 이런 구절들을 여러 문헌에서 찾아볼 수 있다. 하지만 요즘은 차를 너무 뜨겁게 마시는 것은 좋지 않다고 해서 옛날과 반하는 연구 결과들이 있다.

프랑스 리옹에 본부를 둔 IARC는 2016년 세계보건기구(WHO) 산하 국제암연구소

차탕의 온도

다도진의_

(IARC)의 연구발표 결과를 보면 놀라운 보도가 나온다. '65도 이상의 뜨거운 음료'를 발암물질로 지정을 한 것이다. 우리는 차를 우려 마시려면 물을 팔팔 끓이고 뜸들여서 우려 마신다. 그런데 너무 뜨거운 차는 암을 부르는 위험한 습관일 수가 있다. 자칫 방심하기 쉬운 차나 커피를 마실 때는 뜨겁지 않게 편안한 온도로 마시는 것이 좋다. IARC 연구 결과에 따르면 '65℃ 이상의 아주 뜨거운 차를 마신 그룹'에서 식도암 위험이 8배나 높았다는 결과가 나왔다. 2018년 중국의 베이징대학 의학부의 발표에서도 뜨거운 차와 흡연과 음주를 함께 하면 식도암 위험이 증가하는 결과가 나왔다. 뜨거운 차나 커피가 식도암 위험성을 높이는 이유를 전문가들은 뜨거운 음료를 지속적으로 마시면 식도 점막 내 세포가 뜨거운 음료에 의해 염증이 생겼다가 나아졌다가를 반복하는 과정에서 돌연변이를 일으켜 암 세포로 바뀌는 것으로 보고 있다. 특히 뜨거운 음료와 흡연, 알코올을 함께 즐기면 독소로부터 식도를 방어하는 식도 내막이 뜨거운 음료의 열에 의해 손상되기 쉽다는 것이다. 다만 한두 번 뜨거운 음료를 마신다고 해서 암이 되는 것은 아니다. 학계의 연구 결과등을 종합해보면 지속적으로 수년간 뜨거운 음료를 먹었을 때 식도가 손상되면서 암이 유발될 수 있다는 것이다. 사람의 식도는 단백질로 구성되어 있으며 위장막과는 달리 식도에는 보호막이 없기 때문에 외부 자극에도 쉽게 상할 수 있기 때문이다. 단백질은 65℃ 이상에서는 변형이 일어난다. 65℃ 이상의 뜨거운 커피나 차, 국등을 계속해서 지속적으로 마시게 되면 식도 점막 내에서 세포가 염증을 일으키고 반복 될 경우엔 식도암으로 바뀔 수 있기 때문이다.

10. 향기(香氣)

(제9장) 차에는 진향이 있고, 난향이 있고, 청향이 있고,

순향이 있다.

茶有 眞香 有蘭香 有淸香 有純香

차의 생잎을 처음 따면 향기가 밖으로 새어 나오지 않는다. 반드시 열에 가열해야 그 향기가 발산된다. 차의 향기는 차를 덖을 때의 가마솥 온도에 의해 결정된다. 차가 제대로 익으면 순향이고, 알맞게 익으면 청향이고, 불기운이 고른 것은 난향이고, 성분이 제대로 갖춰진 것은 진향이라 한다. 따라서 우리가 차를 마실 때 차의 신선함을 알 수 있는 방법은 차의 보관함을 처음 열었을 때 차의 향기를 맡아 보는 것이다.

차의 향기는 찻잎 중에 함유된 휘발성 향기 성분에 의해 생성된다. 지금까지 밝혀진 향기 성분은 생엽에 80여 가지, 녹차에는 260여 가지, 청차에는 300여 가지, 홍차에는 400여 종이 있다. 차의 향기는 일부 생엽 중에 함유된 유리 상태의 향기 물질을 제외하면 대부분 생엽 중의 향기 전구체로 존재하다가 제다 과정에서 화학적, 미생물학적 변화 때문에 휘발성 물질로 전환된 것이다.

완성된 차의 향기 성분들은 가공 과정에서 새롭게 생성된 것이다. 그러나 차의 전체 성분 중에 향기 성분이 차지하는 비율은 매우 낮다. 생엽은 0.03%~0.05%이고, 녹차는 0.005%~0.01%이며, 홍차는 0.01%~0.03%에 불과하다. 향기 성분은 생장 환경에 따라서도 달라지는데, 해발고도가 높고 기후가

서늘하고 주·야간 일교차가 크며 하천을 끼고 있는 산간지대에서 생산되는 차에는 향기 성분의 함유량이 높다. 계절에 따라서도 차 향은 달라진다. 그리고 녹차의 품종은 어린잎에 향기 성분이 많고 계절에 따라 향기의 종류도 다르다. 일반적으로 봄철의 찻잎에는 청향(淸香)이 많고 가을철의 찻잎에는 화향(花香)이 많다.[25]

차의 향기 성분의 종류[27]

향의 종류	주요 성분
풋풋한 향	cis-3헥센올(cis-hexenol), cis-3헥센알(cis-hexenal) 등
상쾌하고 달콤한 은방울꽃 향	리날로올(linalool) 및 그 산화물(linalool oxide Ⅰ,Ⅱ,Ⅲ) 등
부드러운 장미향	페네틸 알코올(Phenethyl alcohol), 게라니올(geraniol) 등
달콤하고 중후한 재스민 향	cis-재스몬(cis-jasmone), 메틸 재스모네이트(methyl jasmonate) 등
제비꽃 향	β-이오논(β-Ionone) 등
복숭아 향	재스민 락톤(jasmine lactone) 및 기타 락톤류(lactones) 등
해조류 향	디메틸 설파이드(dimethyl sulfide) 등
목질 향	세스퀴테르페노이드(sesquiterpenoid), 4-비닐 페놀(4-vinyl phenol) 등
가열에 의한 구수한 향	피라진류(pyrazines), 퓨란류(furans), 피롤류(pyrroles) 등

11. 색(色)

(제12장) 차를 우린 빛깔은 맑은 푸른색이 가장 좋다.

茶以淸翠爲勝

녹차는 황색, 흑색, 홍색, 혼합된 색은 좋지 않다. 차의 색상이란 찻잎 속의 성분들에 가공 과정이 반영된 결과물이다. 완성된 차의 색상은 차 탕의 수색, 건물질의 색상, 엽저(葉底)의 색상 등 3가지로 나눌 수 있다. 녹차의 경우 차 탕의 수색은 일반적으로 취록(翠綠)색을 나타낸다. 녹차의 취록색은 폴리페놀 성분 중 플라보놀(flavonol) 화합물과 카테킨의 초기산화물인 퀴논(quinone)이 산화되어 생성된 녹황색 물질로 이루어진 것이다.

건물질의 색상은 생엽(生葉) 내의 유색 성분들과 가공 과정에서 새롭게 생성된 성분들이 건조되면서 생긴 것이다. 생엽 내의 유색 성분은 엽록소(chlorophyll)이며, 엽황소라 일컫는 잔토필(xanthophyll)과 카로틴(carotene) 등과 같은 카로티노이드(carotenoid) 계열의 황색과 등황색의 색소 성분이 있다. 가공 과정에서 생성된 성분은 주로 카테킨이 산화되면서 생성된 성분이다.

카테킨은 처음에는 무색이지만 산화되면서 담황색, 등황색, 적색, 갈색, 흑갈색으로 변하게 된다. 또 가공 과정에서 높은 온도에 의해 찻잎의 조직이 파괴되면서 엽록소와 산이 만나서 페오피틴(pheophytin)이라는 물질이 생성되어 갈색으로 변하게 된다. 그리고 녹차의 엽저는 일반적으로 연녹색으로 나타난다. 고급 녹차의 엽저가 대부분이 연녹색을 띠는데 이것은 찻잎이 어릴수록 연녹색을 띠는 엽록소 b의 함량이 높기 때문이다. 성숙한 찻잎일수록 짙은 녹

다도진의_

색이 나는데 이것은 엽록소 a의 함량이 많기 때문이다.

차의 색상에 미치는 화학성분[26]

화합물	색
엽록소(chlorophylls)	청록색~황록색
페오피틴(pheophytins)	회록색~황갈색
카로틴(carotenes)	주황색
잔토필(xanthophylls)	황색
플라보놀 및 플라본 배당체 (flavonol & flavone & glycosides)	황색~황록색
안토시아닌(anthocyanins)	산성 : 홍색, 중성 : 자색 알칼리 : 청색
테아플라빈(theaflavins, TFs)	등황색
테아루비긴(thearubigins, TRs)	갈홍색
테아브라우닌(theabrownines, TBs)	암갈색

12. 미(味)

(제13장) 우린 차의 맛은 단맛이 나는 것이 좋고

쓰고 떫은맛은 좋지 않다.

茶 味以甘潤爲上 苦澁爲下

차에는 단맛, 신맛, 쓴맛, 떫은맛 그리고 감칠맛을 내는 성분을 함유하고 있는데 차 종류에 따라서 느끼지는 맛이 다르다. 차의 맛을 구성하는 성분 중 카테킨은 쓴맛과 떫은맛을 내고 카페인과 사포닌(saponin) 그리고 안토시아닌은 쓴맛을 내며 아미노산은 감칠맛을 낸다. 가용성 당질(solubility glucide)과 일부분의 아미노산은 단맛을 내며 유기산(organic acid)은 신맛을 낸다. 일반적으로 녹차는 적당한 떫은맛과 쓴맛, 그리고 감칠맛과 감미(甘味)가 서로 조화되어야 하며 뒷맛은 단맛과 청량감이 있어야 좋은 차라고 할 수 있다. 차의 맛을 내는 성분은 차나무 품종, 채엽 시기, 채엽 위치에 따라 함량이 변하므로 이에 따라 차의 맛도 차이가 난다.

차 맛에 미치는 화학성분[27]

화학성분	맛의 특징
카테킨류(catechins)	쓰고 떫은 맛 (유리형 카테킨, 에스터형 카테킨)
플라보놀 배당체 (flavonol glycosides)	부드러운 떫은맛을 지니고 쓴맛을 배가시킴
안토시아닌(anthocyanins)	쓰고 떫은 맛
테아플라빈(TFs) 테아루비긴(TRs) 테아브라우닌(TBs)	수렴성과 상쾌한 맛 약한 수렴성과 단맛 TRS보다 약한 수렴성과 약한 단맛
아미노산 −테아닌(theanine) −글루탐산(glutamic acid) −아스파트산(aspartic acid) −아르기닌(arginine) −세린(serine) −트레오닌(threonine) −알라닌(alanine)	감칠맛과 단맛 감칠맛과 신맛 약한 신맛 쓴맛과 약간의 단맛 단맛
카페인(caffeine)	쓴맛
유기산 −갈산(gallic acid) −옥살산(oxalic acid) −아스코르브산(ascorbic acid)	떫은맛 아린 맛 신맛
가용성 당	달고 부드러운 느낌
수용성 펙틴	두터우면서 부드러운 느낌

13. 점염실진(點染失眞)

(제14장) 다른 물질이 섞여 오염되면 차는 그 본질을 잃는다.

點染失眞

　차에는 차만이 가지는 진색, 진향, 진미가 있다. 단 한 번이라도 다른 물질에 오염되면 차는 그 색깔과 향기와 맛을 잃게 된다. 찻물에 소금기가 있거나 과즙이 다기에 묻어 있거나 차외의 다른 향료로 오염되면 차 본래의 다신을 잃게 된다. 차는 수렴작용이 강하다. 찻잎의 두꺼운 조직이 강한 흡수작용을 하여 다른 향기나 수분 등을 쉽게 흡수해 버린다. 짠 바닷물로 차를 우린다는 생각을 하는 사람은 없을 것이다. 지구는 무기물로 구성되어 있고 바다는 모든 오염된 무기물이 담긴 물들이 바다로 흘러 들어가기 때문이다. 그러므로 차 본연의 참됨을 해칠 수 있는 것들은 차와 섞으면 안 된다.

14. 다변 불가용(茶變 不可用)

(제15장) 변질된 차는 쓰면 안 된다.

茶變 不可用

차를 만들었을 때 처음에는 청취색인데 건조한 상태로 보관을 잘 하지 않으면 처음에는 녹색으로 변했다고, 다음은 황색, 다음은 흑색, 마지막엔 백색으로 변한다. 백색으로 변한 차를 마시게 되면 위를 냉하게 하고 몸이 상하여 병이 난다. 그러므로 차를 보관할 때는 온도, 광선, 습도, 냄새, 연기, 가스 등에 유의하여야 하며 일단 차 봉지를 개봉(開封)하면 서둘러 먹어야 하고 공기와 접촉하는 시간을 줄여야 한다. 보통은 수분함량이 적을수록 좋은 차로 평가되고 적당한 저장 온도는 5℃ 내외로 덖음차보다 증제차의 변화가 적은 것으로 알려졌다.

15. 품천(品泉)

차는 물의 신(神)이요 물은 차의 체(體)이다.

茶者 水之神 水者 茶之體

차는 물에 다신을 주고, 물은 차에 다신을 담는 몸이니, 참된 물이 아니면 다신이 나타나지 않고 잘 만들어진 차(茶)가 아니면 물의 신령스러움을 담을 수 없다. 산 위에서 나는 물은 맑고 가볍고 산 아래서 나는 샘물은 맑고 무겁다. 돌 사이에서 나는 물은 맑고 달며, 모래 속에서 솟는 샘물은 맑고 차갑다. 흙 속에서 나는 물은 맑고 희다. 누런 돌에서 흐르는 물은 좋고, 청석에서 흐

선암사 수각

르는 물은 쓰지 못한다. 흘러서 움직이는 물이 고여 있는 물보다 좋고, 음지의 물이 양지의 물보다 좋다. 순수한 진수는 본디 맛도 향기도 없다.

찻물로 쓸 수 없는 물 중에는 청석물은 퇴적암 때문에 쓸 수 없고 흙 속의 물은 미생물이 많아서 쓸 수 없으며 고여 있는 물은 정화 능력이 없으므로 쓸 수 없다. 찻물의 성품은 본디 깨끗하고 맑아서 차의 신령스러운 기운을 여실히 드러내 준다. 차의 색, 향, 기, 미는 물의 성품의 힘을 빌려야만 발현될 수 있다. 물의 중요성에 관해 기술한 여러 다서의 내용을 살펴보면 다음과 같다.

명나라 장대복은 『매화초당필담』에서 "차는 필히 물을 빌려야만 그 가치를 발현할 수 있다. 80점짜리의 차를 100점짜리의 물로 우리면 100점짜리의 차탕이 되지만 80점짜리의 물로 100점짜리의 차를 우리면 80점짜리 차탕밖에 되지 않는다."라는 말은 아무리 좋은 차일지라도 좋은 물로 받쳐주지 못하면

청석(靑石)

다도진의

그 가치는 결국 퇴색된다는 의미다.[28]

예로부터 차인들이 수질을 평가하고 연구하던 것도 물의 존재가 곧 차의 존재와 같기 때문이다. 그만큼 찻물 선택은 중요한 것이다.

명(明)나라 전예형의 『자천소품』 석류조에서는 '돌은 산의 뼈이다. 산은 기운을 펴서 만물을 낳는다. 기운이 펴지면 물줄기가 길다. 그러기에 산의 물이 으뜸이라고 하는 것이다.'라고 하였고 명(明)나라 허차서의 『다소』에서는 '정미롭게 만든 차의 향기는 물을 빌어 발현되는 것으로 물 없이 차를 논할 수 없다.'[29]고 했다. 품천에서 등급에 드는 물은 첫째, 인간의 생명에 해로운 물질이 들어있지 않는 물, 둘째, 미네랄 성분이 낮게 포함된 물, 셋째, 약알카리성인 물, 마지막으로 산소와 이산화탄소가 충분히 녹아있는 물이다.

물은 들뜬 것을 고요하게 하며 흐린 것을 맑게 하고 더러운 것을 깨끗이 하여서 감추고 꾸민 모습을 참모습으로 드러나게 하는 것이 곧 물의 본성이다.

16. 다경운 산수상(茶經云 山水上)[30]

『다경』 오지자(五之煮)[31]에 이르기를 찻물로는 산수(山水)가 으뜸이고 강수(江水)가 다음이며 우물물[井水]이 하품이라고 하였다. 산수로는 젖샘이나 돌 연못에서 완만히 흐르는 물이 상품이다. 폭포처럼 용솟음치는 물이나 소용돌이치는 물은 마시면 안된다. 이러한 물을 오랫동안 마시게 되면 목병이 생기기 쉽다고 했다. 또한, 산골짜기의 여러 물 중에 고여서 흐르지 않는 물은 곤충이나 벌레가 물속에 독을 풀어 놓는 경우가 있으므로 마시려면 물길을 내어 나쁜 것을 흘려보내고 새로운 물이 완만하게 흐르게 한 후 떠내서 사용한다.

강수는 마을에서 멀리 떨어진 물을 취해야 한다. 그 이유는 인가와 가까이 있으면 여러 오염물질이 섞일 수 있기 때문이다. 그리고 우물물[井水]은 사람들이 많이 길어가는 물을 사용해야 한다. 우물물은 고여 있는 물이므로 수맥

산수(山水)의 ppm 측정

이 어둡고 수성이 막혀 색깔이 탁하며, 무기물 또한 많아서 차의 기운을 방해하므로 좋지 않다. 우리 몸에 필요한 무기물은 부족해도 넘쳐도 병이 난다. 인체에 필요한 무기물의 양은 아주 적은 양이지만, 부족하게 되면 정상적인 신체기능을 유지하기 힘들다.

인체나 식품에 함유된 원소 중 산소, 수소, 탄소, 질소를 제외한 원소를 총칭해서 무기질(無機質) 또는 미네랄(minerals)이라고 부른다. 중요 무기물로는 칼슘, 인, 마그네슘, 칼륨, 나트륨, 불소, 황, 철, 구리, 요오드, 망간, 아연 등이 있다. 이러한 미네랄은 인체에 소량으로 꼭 필요하지만 찻물로는 칼슘과 마그네슘의 함량이 높지 않은 것이 좋다. 물에 함유된 광물질 중에서 산화철이 많으면 우린 탕색이 변해서 어두워지고 칼슘은 떫은맛을 내고 더 많으면 쓴맛이 나게 되며 마그네슘은 담백하고 망간도 쓴맛을 내게 되므로 차의 색과 맛과 향기는 곧 물에서 좌우된다.

산수(山水)가 좋은 이유는 첫째, 산에는 나무가 많다. 그러므로 산소가 많으

다도진의

므로 용존산소율이 높다. 둘째, 무향(無香), 무미(無味), 무색(無色)하며 맑고 가볍고 차며 시원하다. 셋째, 산수는 일반적으로 수소이온농도(ph)가 알칼리인 연수가 많고 ppm 또한 낮은 물이 많다. 산수는 찻물에 적합한 이러한 조건을 갖추었다고 할 수 있다.

이름난 산이 있으면 그곳에는 반드시 좋은 물이 있다고 한다. 아래의 표는 필자가 여러 해 동안 차 문화 유적지와 찻물로 소문난 여러 명산(名山)을 찾아다니며 직접 물의 ppm을 측정한 결과이다. 물론 한두 군데는 물을 전달 받아 측정하기도 했다. 찻물로는 부적당한 온천물과 바닷물의 ppm도 측정하였다.

산수의 ppm 측정결과

대상	ppm	대상	ppm
태백산 용정 산수	15ppm	하동 모암 마을	13ppm
하동 칠불선원 약수	17ppm	구례 화엄사 구층암	12ppm
가창 남지장사	15ppm	대구 팔공산 수태골	7ppm
대구 앞산 약수터	15ppm	영천시 치산계곡	20ppm
청도 운문사 사리암	10ppm	파계사 청정수	25ppm
경주 남산 용장골	15ppm	오대산 수정암 우통수	77ppm
경주 석굴암 감로수	15ppm	일지암 유천	28ppm
강릉 한송정	75ppm	팔공산 심천온천수	167ppm
가창 대림 생수	169ppm	부산 태종대 바닷물	696ppm

위 표에서처럼 산수는 연수가 많으며 ppm 또한 낮아서 찻물로 사용기에 좋고 온천수와 바닷물 등은 ppm이 너무 높아서 절대로 찻물로는 적당하지 않다.

하지만 필자는 부산태종대의 바닷물로 차우리기를 실험하였다. 바닷물의 짠성분이 차를 제압해서 시간이 지나도 차는 우려지지 않았다. 그러므로 산수와 같이 ppm이 낮은 물로 차를 우린다면 차탕의 향과 색과 맛, 즉 다신을 얻을 수 있지만, 온천물이나 바닷물같이 ppm이 높은 물로 차를 우릴 경우엔 차를 우린 즉시 차 탕의 수색이 변하여서 진차의 맛을 느낄 수 없을 것이다. 그러므로 찻물로 알맞은 물은 ppm의 수치는 50ppm 이하인 물이 좋다고 할 수 있다.

17. 정수불의차(井水不宜茶)[32]

우물물은 찻물로 적절하지 않다.

井水不宜茶

정수불의차(井水不宜茶)

샘물[泉水]은 땅에서 솟아 나오는 물을 말하고 우물물[井水]은 땅을 파서 얻은 지하수를 말한다. 물을 크게 나누면 지상의 물인 지표수(地表水)와 지하수(地下水)로 나눌 수 있다. 지하수는 흐르지 않는 물이기 때문에 생기가 부족하다. 지표수에 비해 용해 물질인 나트륨, 칼륨, 칼슘, 마그네슘, 황산, 철 등이 많고 산소는 부족하고 게르마늄과 무기물질이 많기 때문에 차 탕 색이 바로 변한다. 그러므로 우물물인 샘물은 찻물로는 적

다도진의

당하지 않다고 할 수 있다. 이렇듯 차를 우릴 때는 각자의 탕관에서 찻물의 무기물을 염두에 두고 사용하는 것이 더 맛있고 향기로운 차 생활이 되리라 생각한다.

18. 저수(貯水)

> (제18장) 찻물을 저장하고 보관하는 항아리는 응달진 곳에 두고,
> 삼베로 덮어서 밤의 별빛과 이슬을 받게 한다.
> 貯水甕 須置陰庭中 覆以紗帛 使承星露之氣

우리나라는 예로부터 깨끗하고 맑고 안전한 단 샘물과 천연수가 많아 물 걱정은 하지 않았다. 하지만 중국은 사정이 좀 달랐다. 중국은 여러 황량한 곳에서 발생하는 먼지와 모래바람 때문에 우리처럼 깨끗한 물을 쉽게 구할 수 없었다. 그래서 물의 저수(貯水)는 중국 사람들에겐 기본적으로 꼭 필요하고 아주 중요한 일 중의 하나였다.

오늘날 우리의 찻물은 어떠한가? 우리가 쉽게 구할 수 있는 찻물이 수돗물과 생수, 정수기 물을 제외하면 차를 타고 멀리 근교의 산이나 사찰까지 가서 찻물을 구할 수밖에 없다. 좋은 차는 좋은 물을 만나야 신묘한 맛을 낼 수 있다. 그래서 옛 선인들은 좋은 물을 구하기 위해 발품을 아끼지 않았다. 또한 '차는 줄 수가 있어도 물은 줄 수가 없다.'라고 할 만큼 그 인심 좋은 시절에도 찻물

만큼은 귀하게 여겼던 모양이다.

　오늘날 찻물로 가장 많이 사용하고 있는 물 중의 하나로 정수기 물을 꼽을 수 있는데 정수기 물은 거의 대부분이 역삼투압방식의 필터를 거친다. 먹는 물 기준법에서 우리 몸은 중성인데 비해 역삼투압방식의 정수기 물은 PH가 5.5로 산성비(PH 5.6)에 가깝고 미네랄이 전혀 함유되어 있지 않고 산소가 부족한 물로써 결코 건강한 물이라 할 수 없다. 그리고 각 가정의 수돗물은 염소와 무기물 함량이 너무 높아서 차 맛을 제대로 낼 수가 없다. 그래서 많은 차인은 생수를 많이 사용하는데 이마저도 여러 문제 되는 부분이 없지 않다.

　그러므로 어떤 찻물을 선택해야 할지가 차인들의 고민이고 찻물을 구하는 일은 참으로 어렵게 느껴지는 바이다. 좋은 찻물이란 한겨울에도 얼지 않는 산수로 염소가 들어있지 않아야 한다. 무기물은 적어야 하며 오염되지 않은 신선한 물이어야 하고 ppm이 낮은 연수여야 한다. 이런 좋은 물에 좋은 차를 우린다면 다신이 그대로 발현될 것이다.

　만약 좋은 산수를 받아 온다면 냉장고나 물 항아리에 보관하고 필요할 때마다 덜어서 사용하면 된다. 하지만 아무리 좋은 물이라고 해도 항아리에 너무 오래 보관하면 세균이 번식하게 되므로 오래 두지 말아야 한다. 겨울철에는 5일 정도, 여름철에는 3일을 넘지 말아야 한다. 또한, 항아리는 햇볕이 들지 않는 서늘한 곳에 두고 오염되는 것이 들어가지 않도록 하며 뚜껑을 잘 닫아 보관한다. 요즘은 냉장고에 보관하는 것이 안전하다고 할 수 있다.

　차 생활에서 중요한 것은 차가 변하지 말아야 하며 물의 기운이 살아 있어야 한다는 것이다. 한번 사용한 항아리는 청수로 깨끗이 닦아 속을 햇볕에 잘 말려 사용한다.[33]

　　　　　　　　　　　　　　　　　　　　　다도진의_

19. 다기(茶器)

현대에 다관의 종류는 매우 다양하다. 돌다관, 유리다관, 내열다관, 도자기
다관, 은다관, 백자다관, 청자다관, 옥다관, 무쇠다관, 자사호 등이 있다. 육우
는 차를 끓일 때 은(銀)다관을 사용했다가 너무 사치스럽다 여겨 후에 자기를
사용했는데 이는 또 잘 깨어지므로 은다관을 다시 사용하게 되었다.

1) 다관(茶罐)의 중요성[34]

차를 마실 때 사용하는 그릇들을 다구(茶具) 또는 다기(茶器)라고 한다. 차
생활을 하다 보면 좋은 차와 좋은 다구를 갖추는 것이 기본이 될 수 있다. 차

다구(茶具)

를 우릴 때 대부분의 사람들이 중요하게 생각하지 않는 것 중의 하나가 다관이다. 실제로 똑같은 차를 재질이 다른 다관을 사용해 우렸을 때 차 탕의 색과 맛, 향이 매우 큰 차이가 난다. 이는 다관의 종류에 따라 기능성, 보온력, 열전도율, 흡수력, 그리고 대류 현상 등이 다르기 때문이다.

보통 많이 사용하는 다기에는 자기(磁器)와 사기(沙器)가 있다. 자기는 고령토를 원료로 하여 1,300℃의 높은 온도로 굽기 때문에 조직 사이가 치밀하고 기공이 적어 흡수력이 낮으며 열전도율도 높은 편이다. 백자의 경우 산화철(Fe2O3)과 산화마그네슘(MGO) 등 산화 물질의 함량이 1% 이하로써 뜨거운 물을 부었을 때 식는 정도가 사기(沙器)보다 빠르다. 반면 사기류는 1,200℃ 정도에서 구운 것으로 보온력이 강하고 흡수력이 높아서 산화 정도가 높거나 열처리를 많이 한 잎 중 외형이 구형(球形)이거나 매끈하고 단단한 차를 우릴 때 사용한다.

찻잎을 우릴 때는 찻잎에 따라서 사기와 자기를 구분하여 사용한다. 자기는 열전도율이 높으므로 산화되지 않는 녹차나 산화가 낮은 약 산화된 차에 알맞고 홍차의 경우는 온도를 높여서 우려야 카테킨 성분이 잘 우려져 나오기 때문에 사기류를 사용하는 것이 좋다고 할 수 있다. 이처럼 차의 맛은 여러 다구들에 의해 전혀 다른 맛으로 변할 수 있고 또 잘 선택했을 경우 향과 맛이 뛰어난 차를 즐길 수 있다. 그러므로 좋은 다구를 선택하는 것은 차 생활에 매우 중요한 일이라고 할 수 있다.

다도진의_

2) 다관(茶罐)의 선택[35]

다관은 탕관에서 끓인 물과 찻잎을 넣고 융합하여 차의 성분을 우려내는 그릇으로 부리를 중심으로 손잡이의 형태에 따라 상파형(上波形), 후파형(後把形), 횡파형(橫把形) 등이 있다.

다관의 선택 방법은 다음과 같다.

첫째, 찻잎의 종류나 차의 양, 특성 등을 고려하여 선택해야 한다.

둘째, 다관을 손에 잡았을 때 알맞아야 하고 사용하기가 편해야 하며 너무 무겁거나 가벼워서도 안된다. 너무 가벼운 것은 보온력이 떨어지고 깨지기 쉽고 너무 무거운 것은 사용하기가 불편하고 물을 부었을 때 더욱 가중되어 팔에 힘이 많이 실리게 되어 좋지 않다. 그리고 다관의 뚜껑으로 몸체를 살짝 두드렸을 때 맑은 소리가 나는 것이 좋은데 고온으로 구운 것은 맑은 소리가 나지만 저온으로 구운 것은 둔탁한 소리가 나며 깨지기 쉬우므로 '땡' 하는 청음이 나는 것을 선택해야 한다.

셋째, 다기의 뚜껑과 입구 부분이 서로 잘 맞아야 향기의 손실이 적고 뚜껑이 떨어지는 것도 방지할 수 있다. 뚜껑과 몸체가 잘 맞아야 차를 따를 때 전부분으로 물이 흘러내리지 않고 보온력도 유지할 수 있다.

넷째, 다관의 물대 밑 부분이 둥글고 크게 만들어졌을 경우 물을 따랐을 때 그 부분에 물이 남을 수 있다. 물이 남아 있다는 것은 계속 차가 우려지고 있는 것이기 때문에 잘 살펴서 다관을 선택해야 한다. 참고로 자사호는 물대 밑이 둥근 것은 없다.

다섯째, 물대 부분의 거름망 구멍이 너무 적거나 잘 뚫려 있지 않으면 막히기가 쉽고 물이 잘 나오지 않기 때문에 처음 찻잔과 뒤에 따른 찻잔의 차의 농도의 차이가 크고 시간도 오래 걸리므로 거름망의 구멍이 잘 뚫려 있는지를 확인해야 한다.

여섯째, 물대의 속면이 고른 정도에 따라 물이 흘러나오는 모양이 달라지므로 속면이 고른 것을 선택한다.

일곱째, 시중에서 판매되고 있는 다관 중에 뚜껑에 구멍이 없는 경우도 가끔 있다. 이런 다관은 물이 잘 흘러나오지 않으므로 좋지 않다. 그리고 다관의 뚜껑 부분을 살짝 좌우로 흔들어 보았을 때 정확하게 맞는 것이 좋다.

여덟째, 다관을 고를 때 3수 3평(三水三平)의 원칙을 눈여겨보고 선택해야 한다. 3수란 출수(出水), 절수(切水), 금수(禁水)를 말한다. 출수란 물대에서 차를 따를 때 목표지점인 다완이나 찻잔으로 물줄기가 힘차게 잘 떨어지는 것을 말한다. 절수란 차 따르기를 멈추었을 때 다관에 흘러내리지 않는 즉 물 끊김이 좋은 것이다. 금수란 뚜껑의 공기구멍을 막았을 때 차가 뚜껑 밖이나 물 꼭지 출구로 조금도 흘러내리지 않고 잘 맞는 것이다. 3평이란 다관의 뚜껑을 열고 뒤집어 놓았을 때, 몸통의 전과 물대 끝과 그리고 손잡이의 끝의 세 곳이 수평을 이루는 것이다. 그리고 차호(茶壺)는 작을수록 귀하게 여긴다. 호(壺)가

다관(茶罐)

다도진의

작으면 향기가 흩어지지 않고 진하며 맛이 변하지 않는다. 반대로 크면 향기가 흩어지고 산만해지기 쉽다.[36]

　마지막으로 반드시 명심해야 하는 부분은 동(구리)이나 철, 쇠는 차의 색과 맛을 손상하므로 사용하면 안 된다는 것이다.

　이상과 같은 여러 가지 점을 고려해서 다관을 구입하는 것이 바람직하다고 생각된다.

3) 찻잔의 선택

백색과 남백색 찻잔

　찻잔은 눈처럼 하얀색이 가장 좋고 푸른빛이 감도는 남백색은 차의 빛깔을 해치지 않으므로 그 다음이다.[37] 백자가 좋다고 해도 너무 흰 것은 단조롭고 약간 은은한 흰빛이 나는 것이 좋다. 찻물의 빛깔과 찻잔의 색깔을 시대별로 살펴보면 당대(唐代)와 오대(五代)에는 담황색의 찻물에는 청자의 찻주발을 사용하였고 송(宋)대와 원(元)대에 유백색의 찻물에는 흑유(黑釉)의 찻사발을 사용했다. 명(明)대 이후에는 연두빛 찻물에 백자의 찻잔을 사용했다.[38]

4) 찻잔 받침

차를 낼 때 찻잔 받침이 없이 찻잔만을 내는 것은 예의에 어긋난다. 그러므로 찻잔과 찻잔 받침은 한 세트라고 할 수 있다. 한사어로는 산탁(盞托) 또는 차탁(茶托)이라고 하는데 그 유래는 당나라 덕종 건중(建中, 780~783) 연간(年間)에 촉(蜀) 출신으로 재상을 지낸 최령(崔寧)의 딸에게서 비롯되었다.[39] 잔탁의 색은 찻잔 색과 어울리는 것이 좋다.

20. 다위(茶衛)

(제22장) 정(精), 조(燥), 결(潔), 다도의 전부이다.

精, 燥, 潔, 茶道盡矣

다신(茶神)

다신(茶神)이라는 말은 장원의 『다록』에 처음으로 거론되었으며 다도라는 뜻도 차(茶)라는 물질세계와 도(道)라는 정신세계가 합쳐진 의미로 파악되고 있다. 다도를 하는 것은 곧 '차를 마시는 것'이다. 차는 어떻게 만들고, 보관하고, 우려서 마셔야 할까?

　일본의 작가 '에모토 마사루'는『물은 답을 알고 있다』에서 물은 소리를 듣고, 눈빛을 읽고, 마음을 느낄 수 있고, 마음에 따라 물이 육각수로 변할 수도 있고, 추악한 모습으로 드러날 수도 있다는 것을 물의 메시지를 통해서 증명하였다. "고마워요, 사랑합니다."라는 말은 아름다운 육각형의 결정체로 답을 하고 상처주는 말에서는 결정체를 만들지 못했다.[40] 물은 마음의 거울이고, 다양한 얼굴로 인간의 의식을 형상화해 보여준다.

　이 책이 나오기 오래전부터 우리 선조들은 차 한잔에도 정성을 담았다. 차를 우릴 때는 언제나 마음을 다하여 정성을 담아 차를 낸 것이다. 이 한 잔의 차는 곧 내 마음이고 내 마음을 담을 수 있는 것이 바로 차라는 것이다. 그러므로 한 잔의 차를 우릴 때는 찻물이 육각수의 결정체를 이룰 수 있도록 정성을 다해야 한다. 그리고 한 잔의 차를 잘 마시기 위해서는 차 생활의 종합예술을 행해야 하는데『다신전』의 채다(採茶)에서부터 음다(飮茶)에 이르기까지의 일체가 중정(中正)이고 이것이 다도의 완성이라고 할 수 있다.

　차를 만들 때는 정성을 다하고 차를 보관할 때 건조하게 하며 차를 우릴 때는 청결하게 하면 다신을 얻을 수 있다는 정(情), 조(燥), 결(潔) 이것이 다도의 전부이다.

　造時精 藏時燥 泡時潔 精 燥 潔 茶道盡矣

21. 다신(茶神)의 정체

다신전의 핵심은 다신(茶神)을 얻는 것이라 할 수 있다. 초의선사는 다도(茶道)를 다신과 만나는 과정과 절차로 이해하고 전체 책의 키워드를 다신이란 두 글자로 압축해 낸 것이다.

이 책의 주제를 다신이라 표현하는 것은 여러 곳에서 볼 수 있다. 1장, 차를 늦게 따면 다신이 흩어진다. 7장, 차를 끓이면 다신이 떠오른다. 탕이 순숙해야 다신이 생긴다. 8장, 다관이 뜨거우면 다신이 건전하지 못하다. 너무 빠르면 다신이 생기지 않는다. 16장, 물이 진수가 아니면 다신을 나타낼 수 없다.

이처럼 책의 전반적인 내용의 중요한 곳에 항상 다신을 언급하고 있다. 정작 이 다신을 얻는 것은 차를 따서 만들고, 보관하고, 물을 끓이고, 차를 우려서 마시는 것 등, 22개 항목에 걸쳐 설명한 것에 지나지 않는다. 이런 절차로 제대로 된 다구를 써서 중정으로 차를 우린다면 다신(茶神)과 만나고 다도(茶道)에 이르게 되리라는 뜻이다.

많은 해석자들이 다신(茶神)을 바라보는 견해는 서로 다르다. 신기, 마음, 정신, 차의 삼묘, 차의 삼기, 차의 싱그러움, 차의 신(神) 등 여러 견해를 가지고 있는데 필자는 다신의 정체를 차의 색, 향, 미로 정의를 내렸다.

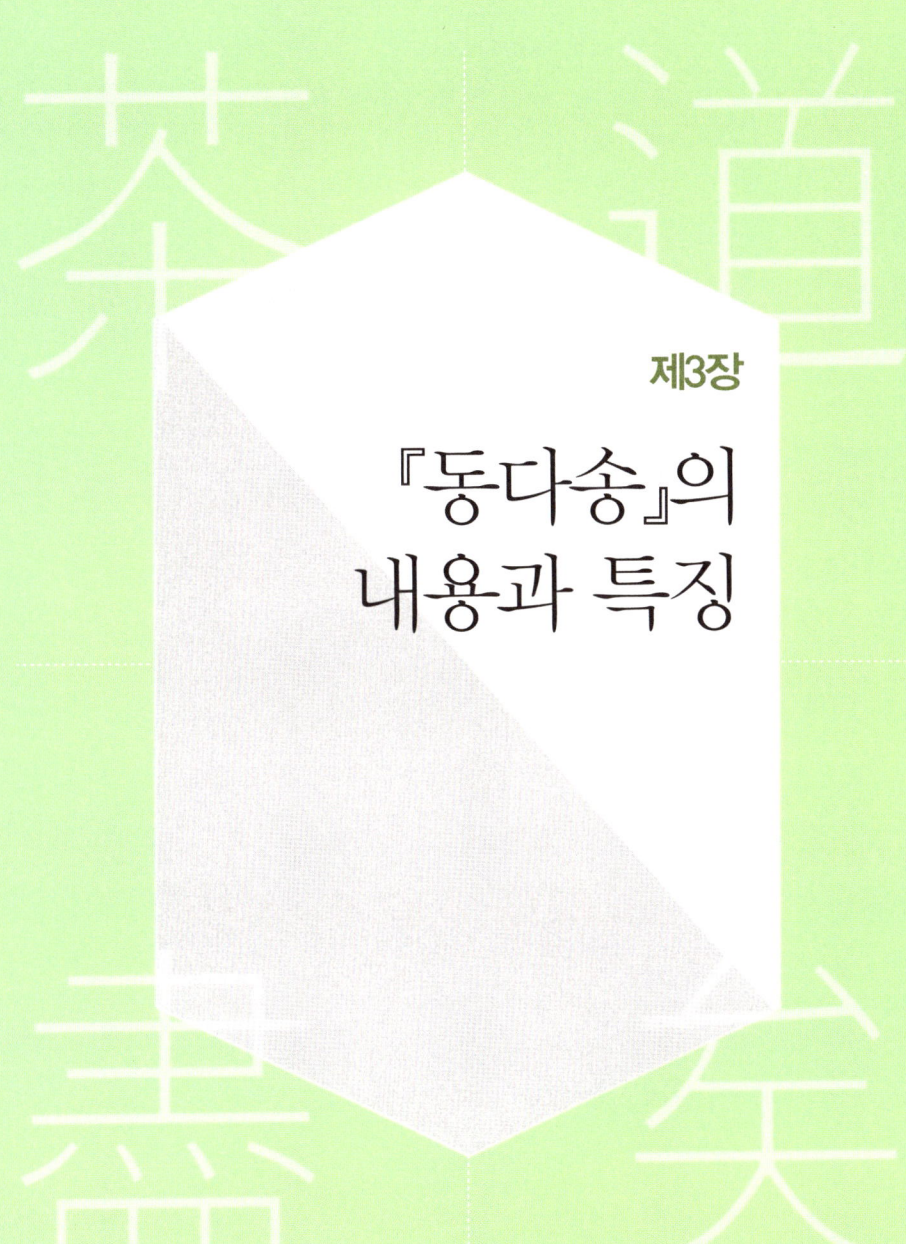

제3장

『동다송』의
내용과 특징

『동다송』의 저술배경

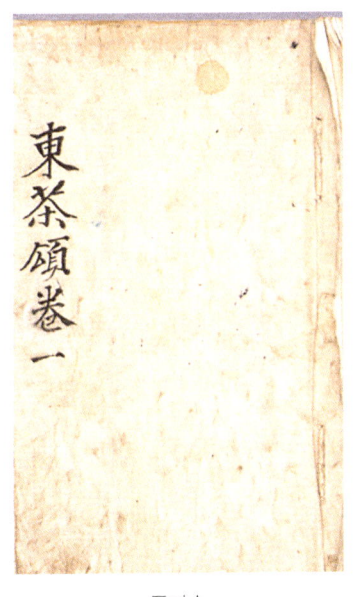

동다송

『동다송』은 우리 차 문화사에서 대단히 보배로운 다서(茶書)이다. 차에 관한 초의선사의 해박한 지식과 정심한 이해가 잘 녹아 있기 때문이다. 차나무의 덕성, 차의 역사, 중국 차의 종류, 차의 아홉 가지 어려움, 동국(東國) 차의 특징, 초의선사의 다도관인 중정(中正), 우리 차의 우수성에 이어 마지막으로 차 마시는 도인의 찻자리 등을 압축적이고 완결적으로 서술하였다. 그리고 매 송마다 중국의 차 고전(古典)에서 초출(抄出)한 주해(注解)를 붙였다.

전체적으로 중국의 차와 관련된 내용이 많으며 당나라 육우의 『다경』과 청나라 모환문의 『만보전서』에서 많이 인용하였다. 처음 해거 도인 홍현주가 초의선사에게 주문한 것이 다도(茶道)에 관한 하문(下問)이었고 초의선사는 그 물음에 충실하게 대답한 내용이다.

초의선사가 『동다송』을 저술한 시기는 1837년 여름이다. 이는 초의선사가 홍현주에게 올린 「상해거도인서(上海居道人書)」 편지 초고에 '근자에 북산도인(北山道人)의 말씀을 들으니 다도에 관해 물으셨다더군요. 마침내 옛사람에게서 전해오는 뜻에 따라 삼가 『동다행(東茶行)』 한 편을 지어 올립니다.'[41]라고 한 사실에서 알 수 있다.

또한 여기서 『동다송』은 원래 동다행(東茶行)으로 지어졌다는 사실도 알 수 있다. 그렇다면 초의선사의 동다행이 『동다송』으로 바뀐 연유는 무엇인가? 그 해답은 진도 부사로 있던 변지화가 1837년 초의선사에게 보낸 편지에 동다행으로 한양에 보낼 때 '사람을 시켜서 급히 등초하게 했는데 지금 열람해 보니 잘못된 곳이 많습니다. 질의에 표를 한 것 이외에도 착오가 있는 것 같아서 부칩니다. 요행이 버릴 것은 버리고 개정하시어 인편에 다시 보내주시길 바랍니다.'[42]라고 한 것에서 밝혀졌다.

다시 말하면 초의선사는 동다행을 변지화를 통해 홍현주에게 전하려 했는데, 변지화가 다른 사람을 시켜 이 책을 필사하는 과정에서 오류를 발견하고 급히 질의 처를 표시하여 초의선사에게 다시 보냈다. 이런 과정에서 초의선사는 동다행의 표제를 『동다송』으로 바꾼 것이다.

다도진의_

『동다송』의 주요 판본[43]

동다송의 종류는 지금까지 알려진 바에 의하면 4종류의 필사본이 있다.

1. 다예관본

태평양화학 아모레퍼시픽 박물관 다예관에 소장된 필사본으로 대흥사 주지를 지낸 응송 박영희(1891~1990) 스님이 소장하던 것이 진주의 박종한씨(전 진주대아고고 교장)를 거쳐 양도된 것이다. 현재 가장 흔히 볼 수 있는 본이다.

2. 석오본(本)

석오 윤치영의 필사본으로 초의 스님 친필의 글귀가 적혀 있는 정본이라고 한때 발표되기도 했으나 오자와 탈자가 있어 정본으로 보기는 어렵다는 것이 대체적인 시각이다. 시울의 이일우씨가 소장한 것으로 알려져 있다. 윤치영은 초의선사의 시문집인 『초의 시고』에 발문을 쓴 유학자로서 초의선사와 교유했던 차인이다.

3. 경암본(鏡菴)

한국다문화연구소의 정영선씨가 소장한 것으로 맨 끝에 '갑술 중추 경암등초'라 적혀 있어, 1874년 추석에 승려로 짐작되는 경암이 필사했음을 알 수 있다. 다예관본과 비슷하다.

4. 다송자본

송광사 보정(寶鼎 · 1861~1930 · 茶公子) 스님이 필사한 것이다. 필사본은 송광사에 소장되어 있다.

친필본은 초의선사가 써서 해거도인 홍현주에게 보낸 것과 초의선사가 직접 써서 일지암에 보관했을 것으로 생각되는 소장본은 현재까지도 행방을 알 수가 없다.

『동다송』의 구성 및 내용

1. 『동다송』구성과 내용

동다송탑

『동다송』은 크게 보면 전체를 한편으로 보아야 하며 표제(21자), 본문과 백파거사의 제시(題詩)로 구성되어 있다.

『동다송』을 기존에 많은 차인들이 17송이나 31송으로 보는 견해가 있지만 초의선사가 홍현주에게 올린 편지 초고에 보면 '근자에 변지화 편에 다도를 물으시기에 마침내 옛사람이 전한 뜻에 따라 조심스럽게 동다행 일편을 지어 올립니다.'라고 한 사실에서 분명히 알 수 있다. 그래서 우리가 17송이니 31송이니 하는 것은 초의선사의 생각에 반하는 것일 수 있다.

원래 1구에서 68구까지는 한편으로 이어지는 것이다. 이는 그 당시 시를 짓는 하나의 방법이었다고 볼 수 있다. 오늘날의 17송 또는 31송은 다분히 후대의 연구자들이 편의에 따라 구분한 것이며 초의선사 본인이 구분한 것은 아니다. 따라서 필자도 이 책에서는 『동다송』 한 편을 설명하고 해석하는 부분에 있어서 편의에 따라 31송 68구로 구분하여 연구하고 논하였다.

『동다송』은 본문 한편을 고시체(古詩體) 형식으로 지은 글이다. 글자 수는 2,272자이며 여기에 표제 부분 21자와 백파거사의 제시(題詩) 33자를 합하면 총 2,326자이다. 표제의 제목은 이 책을 짓게 된 동기와 지은이 등을 밝힌 부분이고 제시는 초의선사가 쓴 것이 아니라 백파거사 신헌구가 덧붙인 시이다.

『동다송』 본문을 31송으로 나누고 내용에 따라 총 68구(句)로 나누어서 각 송과 구의 핵심 내용을 간추려 보면 다음 표와 같다.

동다송 각송의 중요 내용과 인용문헌

송(頌)	내 용	인용문헌
1송	차나무의 덕성, 자라는 환경, 특징, 형태	굴송과 다경(一之原)
2송	차나무 가지와 작설같은 찻잎	이태백의 시(詩)
3송	천인, 신선, 사람, 귀신, 모두 차사랑	염제식경, 다경(茶經)
4송	제호와 감로라는 차의 이름	다경(茶經 七之事)
5송	차의 효능(술깨고, 잠이적다)	이아, 광아
6송	안영의 차나물 반찬	다경(茶經, 七之事)
7송	우홍과 진정은 신선과 만남	다경(茶經, 七之事)ㅏ
8송	귀신도 차를 대접받고 사례	다경(茶經, 七之事)
9송	향기로운차는 육청중 으뜸	다경(茶經, 七之事)
10송	개국황제 수문제 두통치료	사고전서

다도진의

송(頌)	내 용	인용문헌
11송	경뇌협과 자용향이란 차이름	흠정사고전서
12송	거대한 당나라 음식중 자영차가 있다.	사고전서 광군방보.농정전서
13송	감미롭고 맛이 뛰어난 준영	다경(茶經. 五之煮)
14송	용봉단차 백개를 만드는데 만전이 들었다	선화북원공다록
15송	한번만이라도 오염되면 진성을 잃는다.	만보전서
16송	도인이 몽정산에서 차 다섯근을 만들다	다보(茶譜)
17송	설화차와 운유차는 품질이 아주 좋다	소동파 시집
18송	건양과 단산은 물이 맑은 고장	돈재한람
19송	우리나라 차는 맛과 효능이 뛰어나다	동다기
20송	팔십노인의 얼굴이 복숭아꽃 같았다.	답족질중부증옥천선인장차(이태백 시)
21송	나에게는 일지암 유천이 있다.	소이의 「십육탕품」
22송	아홉가지 어려움과 네가지 향기의 현묘함	다경(六之飮). 만보전서
23송	칠불선원에서 수도하는 스님의 차생활	초의스님(인용문없슴)
24송	취도와 녹향만이 궁궐에 진상되다	군방보, 광군방보
25송	신성한 뿌리는 총명하여 사방으로 통달하다	초의선사(인용문헌없슴)
26송	녹색의 싹과 자주색순은 바위를 뚫고 자란다	다경(一之原. 三之造)
27송	이슬을 흠뻑 머금은 차는 삼매경에 든 향기	만보전서. 소동파시
28송	차는 중정의 현미함은 어렵다	다신전(조다. 품천)
29송	물과차가 온전해도 중정을 잃을까 두렵다	초의선사평설. 다신전(포법)
30송	옥화차 한잔 마시니 신선이 된다.	진간재다시. 노옥천의 다가
31송	차와 달과 구름과 친구하면 도인의 찻자리	다신전(음다)

2.『동다송』내용과 특징

　이 책의『동다송』원문은 초의선사의 친필본이 없으므로 아모레퍼시픽미술관 소장의『다예관본』을 참고했다.『동다송』은 다도를 묻는 해거도인에게 이것이 다도입니다하고 초의선사가 차에 대한 전반적인 내용과 다도(茶道)에 대해 답한 것을 적은 것이다.

　이 책에서는 동다송을 총망라하여 첫째, 차나무의 덕성과 특징, 둘째, 동다송에서 말하는 차의 기원과 역사, 셋째, 동다송에서의 차의 약리적인 효능, 넷째, 우리 차의 우수성, 다섯째, 해석상의 이견이 있는 부분, 여섯째, 초의선사의 다도관인 중정, 이런 순서로 연구하여 나열하였다.

1)『동다송』에서의 차나무

(1) 차나무의 덕성

　동다송 1송에서는 차나무와 굴나무의 상관관계를 살펴볼 필요가 있다. 굴은 차의 성품과 매우 흡사한 점이 많은데, 동다송 첫 구절에서 차나무의 덕과 굴나무의 덕이 같음을 보여준다. '후황인 천지의 신이 아름다운 차나무를 굴의 덕과 짝을 지어 주었으니, 명을 받아 옮겨가지 않고 남쪽 나라에서만 산다

屈原

深固高擧梁白淸志
汨羅江工萬古悲風

굴원

다도진의

네.' 이 구절은 초의선사가 굴원(屈原, B.C. 약 340년~B.C. 약 278년)의 초사(楚辭) 9장 중 굴송(橘頌)의 첫 구절인 "후황가수 귤래복혜(后皇嘉樹 橘來服兮), 수명불천 생남국혜(受命不遷 生南國兮)"를 윤색한 것이다. 아래는 굴송 전체 문장이다. 굴송 내용을 보면서 차의 성품과 비슷한 점, 차의 특징과 비슷한 점, 귤의 성질과 상통되는 부분들을 살펴보도록 하겠다.

굴송(橘頌)

천지 간에 아름다운 나무가 있으니 귤이 우리 땅에 내려 왔네.

타고난 성품은 바뀌지 않으니 강남에서 자라는 도다.

뿌리가 깊고 단단하여 옮기기 어려우니 한결같은 뜻을 지녔네.

푸른 잎에 흰 꽃은 어지러이 즐겁게 하네.

겹겹의 가지와 날카로운 가시를 가지고서 둥근 과일이 맺혀 있도다.

푸르고 누런 과일이 조밀하게 열리어 색깔이 빛이 나는구나.

밝은 겉 빛깔에 속이 희어서 중요한 일을 맡길 수 있을 것 같도다.

무성한 잎은 잘 가꾸어져서 아름다워 밉지가 않구나.

아! 너의 어릴 때의 뜻은 남다른 바가 있었지.

홀로 우뚝 서서 변치 않으니 어찌 기뻐하지 않겠는가.

뿌리가 깊고 단단하여 옮기기 어려우며 흰하여 따로 바랄 게 없다.

속세에 홀로 깨어 우뚝 서서 함부로 속세와 어울리지 않는구나!

마음을 굳게 닫아 스스로 끝내 실수하지 않도다.

덕을 지니어 사사로움이 없으며 천지의 조화에 함께 하도다.

바라건대, 세월이 다하도록 너와 더불어 우정을 오래 갖고 싶으니,

선하고 아름다워 지나치지 않으며 단단하게 도리를 지키도다.

나이는 어려도 본받을 것이 있다네.

행실이 백이와 같아서 모범이 될 만하도다.[44]

                – 굴원(屈原) –

　위의 시는 시작하는 구절부터 귤나무가 하늘이 내린 신령스러운 나무임을 밝히고 있다. 그러면서 차나무는 귤나무와 같이 군자의 덕을 지니고 있으며 따뜻한 남쪽에서만 자라고 옮겨 심지 못하기 때문에 영원한 믿음과 정절을 상징한다고 했다. 또한 눈보라 속에서도 굴하지 않아 늘 푸른 것에서 선비의 충절을 지닌다고 했다. 또한, 차나무의 배필로 짝지은 굴원의 귤송을 보면 귤나무도 깊고 단단하여 차나무와 같고, 녹색 잎에 하얀 꽃을 무성하게 피워서 마음을 즐겁게 한다. 파란 잎과 노란색의 귤이 뒤섞인 귤나무는 그 열매와 잎이 서로 조화를 이루고 찬란하게 빛난다. 껍질의 색깔이 선명하고 속살이 흰 것은 재주 있고 결백한 마음으로 바른길을 걷는 군자를 닮았다. 이렇듯 차나무는 귤나무와 비슷한 품성과 덕성을 가지고 있음을 알 수 있다. 귤은 고대 황제들이 제사를 지낼 때 제수품으로 올렸으며 신하에게 하사품으로 내리고 조정에 진상품으로 올릴 정도로 귀한 과일이었다.

　예로부터 귤은 선계(仙界)의 과일로 여겼고 색깔이 노란색을 띠고 있어서 황금에 비유되어 부귀영화를 상징했다. 또한 효심(孝心)을 상징하기도 하고, 효행과 관련된 고사로 삼국시대 오나라 손권의 참모 육적이 6살 때의 이야기로 '회귤봉공'[45]이 유명하다. 귤나무와 차나무는 모두 따뜻한 곳에서 생장하며 일 년 내내 푸른 상록수로 뿌리가 깊어 불천하며 선인들은 차와 귤을 모두 군자의 덕과 지조의 상징으로 여겼다. 6월에 피는 귤나무의 꽃과 가을에 피는

다도진의_

차나무의 꽃은 모두 하얀색으로 순결을 상징하기도 한다. 이렇듯 귤나무와 차나무는 성품과 덕성이 비슷한 가목으로 가히 칭송할 만하다 할 것이다.

(2) 차나무의 기원(근원)

『다경』 일지원(一之源)에서는 '차나무는 남방에서 자라는 상서로운 가목이다.'라고 한다. 동방의 아름다운 나무이자 자연이 인류에게 선사한 최고의 나무가 차(茶)나무이기도 하다. 당나라 때 차가 생산되는 지역의 북방 한계선은 진령산맥과 회남(淮水)강 이남이다. 차나무는 높이가 1척이나 2척에서부터 수십 척에 달하는 것까지 다양하게 있다. 야생종 교목은 파산과 협천에 크기와 두께가 두 사람이 양팔을 벌려 안을 정도의 큰 차나무도 있으며 이런 차나무의 잎은 나뭇가지를 베어서 딴다.

육우의 파산과 협천은 특정 지명이 아니라 사천성 동부와 호북성 서부 중간의 중경 일대를 이야기한다. 또한, 육우는 중국 차 문화의 요람지의 시초가 된 지역이 파(巴), 촉(蜀)이라고 했다. 위의 중경 일대를 파(巴)라고 하고 삼국시대 유비의 촉(蜀), 사천성의 수도인 성도를 중심으로 한 사천성 일대를 촉(蜀)이라 한다.

당대 이전의 중국 차 문화의 중요한 원산지가 되었던 지역은 사천성(四川省)과 운남성(雲南省), 그리고 귀주성(貴州省) 등 서남부 지역으로 그곳에는 야생 교목이 많았다. 육우(陸羽)도 일지원에서 사천성 동부지역과 호북성 서부에 원시 야생종인 교목이 많다고 기술하고 있다.

(3) 차나무의 형태와 특징

차나무의 형태는 과로나무와 같이 생겼고, 찻잎은 치자잎과 같이 생겼고,

차꽃은 백장미꽃과 같고, 열매는 병려 열매와 같고, 줄기는 정향과 같고, 뿌리는 호두나무 뿌리와 같다. 그리고 당나라 이전 차(茶) 자를 가리키는 이름에는 6가지가 있다. 차(茶), 가(檟), 설(蔎), 명(茗), 천(荈), 도(茶)이다. 현재까지도 가끔 쓰고 있는 글자는 명(茗)과 천(荈)이다. 중국의 영토는 광활하므로 다양한 소수 민족들이 차를 마셨고 지역에 따라 차의 명칭이 다양하게 달리 사용되었다.

(4) 차나무 생장에 적합한 토양[46]

차나무가 생장하는 토양을 보면 난석옥토(爛石沃土)에서 생장한 차가 으뜸이며 역양토(礫壤土)에서 생장한 차가 차품(次品)이고 황토(黃土)에서 생장한 차가 하등품이다.[47] 당나라 때는 무성번식은 발달하지 않았고 오로지 유성번식만 가능하였다. 육우는 차나무가 생장하는 토양에 대해서 난석옥토, 역양토, 황토로 분류하여 설명하고 있다.

난석옥토는 세 가지의 장점을 갖고 있다. 첫째, 배수성이 있어 물빠짐이 좋다. 둘째, 공기 투과성이 좋다. 셋째, 보수성이 좋아 수분을 머금고 있다. 이 세 가지의 장점을 지닌 난석옥토가 차나무가 생장하기에 적합한 토양이다.

다음으로 역양토는 모래가 섞인 사질(沙質) 토양으로 황토보다 점성이 적은 토양이다. 마지막으로 황토는 황갈색의 점토질 토양으로 공기 투과성과 배수성이 떨어지고 점성이 높은 토양으로 차나무가 뿌리내리기에 적합하지 않은 토양이다.

(5) 차나무의 재배 방법

다경 일지원(一之原)에 보면 차나무는 심어도 잘 자라지 못하고 옮겨 심으면 무성하기가 어렵다. 그래서 차나무를 절개나 지조에 비유한다. 차나무는 직근

다도진의_

성(심근성) 식물로 뿌리가 다른 식물보다도 깊이 내려가고 잔뿌리가 없는 것이 특징이다. 차나무 씨앗을 심을 때는 종과법으로 하며 심은 지 3년이 지나야 찻잎을 딸 수 있다.[48]

차나무 번식에는 종자로 번식하는 유성번식과 인공적으로 하는 삽목법과 휘묻이로 하는 무성번식법이 있다. 무성번식을 꺾꽂이라고도 한다. 『동다송』 1송에 있는 '수명불천생남국(受

차나무 종자

命不遷生南國) 명을 받아 옮기지 않고 남국에서 산다네.'라는 구절에서 차나무는 다른 식물에 비해 옮겨 심으면 잘 살지 못한다는 걸 알 수 있다. 모든 식물에는 생장점이 있는데 생장점에는 옥신(auxin)이라는 생장 호르몬이 있다. 차나무의 생장점은 뿌리 끝부분과 줄기 끝부분에 있다.

차나무의 가장 중앙의 뿌리는 원뿌리라 하고 옆으로 나온 뿌리를 곁뿌리, 그리고 뿌리털이 있다. 원뿌리의 끝부분에는 뿌리골무(root cap)라는 단단한 조직이 있는데 뿌리골무 안에 생장점이 있고 그 단단한 뿌리 골무가 생장점을 싸고 보호하고 있다. 그런데 이 생장점이 조금이라도 잘리거나 다치게 되면 차

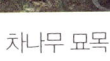

차나무 묘목

나무는 고사하고 만다. 그래서 차나무는 옮겨 심어도 살기가 어렵고 무성하기가 어려운 것이다.

(6) 차나무의 생장 환경[49]

차는 야생차가 으뜸이고 차밭에서 재배된 차는 차품(次品)이다. 양지바른 언덕의 그늘진 숲속에서 자라는 차나무가 좋다. 찻잎의 색깔이 중국의 상징적인 자주색인 것이 상품이며 녹색인 것은 차품이다. 찻잎이 펴지지 않고 순같이 생긴 어린싹이 상품이며 잎이 펴진 차 싹은 차품이다. 찻잎이 말려있는 것이 상품이고 찻잎이 펴져 있는 것은 차품이다. 그늘진 산이나 비탈진 골짜기에서 자란 찻잎은 채취할 것이 못 된다. 이러한 곳에서 자란 차나무의 찻잎은 음기가 지나쳐 마시면 복부(腹部)에 병이 생길 수 있다.[50]

2) 참새의 혀 같은 푸른 찻잎

(제2송) 새벽 안개는 참새의 혀 같은 푸른 찻잎을 듬뿍 적신다네

朝霞含潤 翠禽舌

조하(朝霞)는 아침에 생기는 안개로 지상에 생긴 일종의 구름이다. 구름과 안개는 원래 매우 작은 물방울들로 이루어져 있다. 아침 안개는 밤새 구름이 없이 맑은 날 바람이 거의 없는 안정된 상태에서 잘 생긴다. 낮 동안 가열되었던 지표 근처의 공기가 해

취금설

다도진의

뜨기 직전 새벽에 가장 온도가 낮아지기 때문에 새벽에 안개 또는 이슬이 많이 생긴다. 아침 안개는 일교차가 심한 농촌과 강이나 호수 주변 높은 산에서 많이 발생한다. 그리고 바람이 불거나 해가 뜨면 자연스럽게 없어진다. 차나무의 줄기는 새벽의 맑은 이슬로 몸을 씻었고, 찻잎은 아침 안개를 듬뿍 머금고 있다. 이렇게 아침 안개를 흠뻑 머금은 작설같이 통통한 찻잎이 좋은 찻잎이다.

그리고 이백(李白)이 말하기를, '형주 옥천사에 있는 맑은 시냇가와 모든 산에 차나무가 온 산 여기저기 자라고 있는데 가지와 잎이 푸른 옥과 같다. 옥천사 진공(眞公) 스님이 그 찻잎으로 차를 만들어 늘 마셨다.'고 한다.[51] 여기서 이백의 조카 중부가 이백에게 선인장차를 선물하고 시(詩)를 주면서 화답시를 원했는데 그 화답시가 「답족질중부증옥천선인장차(答族侄中孚贈玉泉仙人掌茶)」이다.

「답족질중부증옥천선인장차(答族侄中孚贈玉泉仙人掌茶)」

일찍이 들으니 옥천산에는
산골짝에 종유굴이 많다고 하네.
흰 까마귀 비슷한 박쥐가 있어
시내 달빛 거꾸로 매달려 있네.
이 가운데 바위에서 차가 나는데
옥천이 쉴 새 없이 흘러내린다.
그 진액 뿌리 가지 뿌려 적시니
따먹으면 살과 뼈에 윤기가 도네.

묵은 떨기 초록 잎이 말려 있는데

가지마다 서로 이어 붙어 있구나.

볕에 쬐어 선인장차 만들어내니

신선 홍애(洪崖) 어깨를 두들기는 듯,

온 세상 아무도 본 일 없으니

그 이름 참으로 누가 전할까.

집안의 젊은이가 선백(禪伯)이라서

내게 주며 좋은 시도 지어 주었네.

맑은 거울 무염(無鹽)을 비춰 보이니

서시(西施)의 어여쁨이 부끄러워라.

아침나절 앉았자니 남는 흥 있어

길게 읊어 세상에 퍼뜨리노라.[52]

3) 茶의 기원과 역사 자료

인류의 음차 기원이 언제부터인지 아직까지 확실하지 않다. 학자마다 조금씩 이견을 보이고 있는데 육우는 상고시대를 음차의 기원으로 보고 있다. 차의 역사는 생찻잎을 씹어 먹는 데서부터 시작하여 찻잎을 나물이나 죽으로 끓여 먹는 방법, 그리고 차를 끓여 마시는 방법, 약용(藥用), 식용(食用), 음용(飲用)의 형태로 변천되어 왔으며 음다법 또한 그 시대 풍속에 따라 발전되어 왔다. 중국은 아주 오래전부터 차나무가 인간에게 약용으로서 가치가 있음을 발견하고 찻잎을 채취했다.

중국 음차의 기원 시기를 보면 육우는 『다경』에서 상고시대의 신농(神農)으로 보고 있고, 상거(常璩)는 『화양국지(華陽國志)』에서 주나라 이전 은나라 말기 3000여 년 전으로 보고 있으며, 당나라의 배문(裵汶)은 『다술(茶述)』에서 동진시대로 보고 있다.[53] 화양국지 파지(巴志)에 보면 '기원전 1066년 주나라 무왕(武王)이 은나라 주왕(紂王)을 물리친 후 은나라의 유민이 주나라 무왕에

고차수

게 조공한 물품 중 파촉에서 생산된 차가 있었고 파(巴)지역 경내에는 이미 인공재배 다원(茶園)이 있어 향명을 생산했다.' 라는 기록이 있다. 이때부터 사람들이 차를 알게 된 것이다.

『화양국지(華陽國志)』는 차에 대한 문헌 중 현존하는 가장 오래된 것으로 중국 차의 역사를 담고 있다. 흔히 「왕포의 동약」이라고 많이 알고 있는데 이것은 중국 한족의 차 문화이고, 화양국지(華陽國志)는 중국 비 한족의 차 문화다. 하지만 여기에 반박하는 문헌도 있다.

화양국지에 보면 은나라의 유민이 주나라 무왕에게 조공한 물품들은 뽕나무, 누에(비단), 마, 저(苧), 생선, 소금, 동, 철(鐵), 단, 칠, 차(茶), 꿀, 영지버섯, 거서(巨黍), 산계(山雞), 백치(白雉), 황윤(黃潤), 선분(鮮粉) 등이다. 이 공납품 중에 철(鐵)이 들어있는데 주나라 시기는 청동기 시기여서 철의 생산이 없었고 중국에서 철을 사용했던 시기는 한(漢)나라 이후이기 때문에 철의 생산은 인정되고

있지 않다. 차(茶)를 인정하려면 철의 생산까지 인정해야 하므로 화양국지에 쓰인 것은 그 시대에 맞춰서 동진 시대의 주무왕 때 이야기를 쓰면서 파촉지역의 물품을 상상으로 적은 것일 수 있다고 오각농(吳覺農)의『다경술평(茶經述評)』에서 기록하고 있다.

구양수(歐陽修)는 당(唐)나라『육문학전(陸文學傳)』발(跋)에서 위진(魏晋) 아래로 보고 있고, 고염무(顧炎武)는『일지록(日知錄)』에서 진(秦)의 촉 정벌 이후로 보고 있어 학자마다 음차 기원 시기에 대해 조금씩 달리 보고 있다. 하지만 동다송을 저술한 초의선사는 전설상의 인물인 신농(神農)씨를 최초의 음다인으로 꼽고 있으므로 정확히 과학적이고 학문적인 근거는 될 수 없지만, 역사 시대 이전부터 차를 마셔왔을 것으로 보인다. 또한, 중국에서 차의 역사는 대단히 오래되었다는 것을 시사하며 차의 약리적 효능이 이미 오래전부터 알려져 있었고 차를 마시게 되는 중요한 이유 중의 하나였다는 것을 보여준다.

신농시대는 지금부터 약 5000여 년 전으로 고고학적으로 신석기 시대의 중후기로 볼 수 있다. 당시의 원시 농업에서 농업만으로는 식량의 자급자족이 불가능하여 사람들은 야생의 과일 산나물 뿌리나 줄기 새싹 잎 등을 채취하고 이러한 것들을 쌀과 함께 솥에 삶아서 먹었을 것이다. 채취한 음식 중에는 차나무의 싹이나 잎도 포함되어 있었을 것으로 추측되는데 이런 과정에서 섭취됐을 것이며 차나무의 잎이 갈증 해소 및 치유는 물론 피로 회복과 질병 치료 등의 효과가 있다는 것을 발견하고 찻잎을 끓이거나 달여서 마셨을 것으로 추측된다.[54]

세계 최초의 차(茶) 전문 다서(茶書)인 육우의『다경(茶經)』은 차학(茶學)의 대표적인 고전이다. 육우는 다경을 통해 당나라 이전의 정립되지 않았던 차(茶)자를 정립하였으며 병차(餅茶)의 다구와 제다, 음다 방법 등을 체계화시켰고

다도진의_

차의 정신세계를 접목해 정행검덕(精行儉德)의 차 정신으로 올바른 인간상을 구현하고자 했다. 다경은 당나라의 대중적인 음다 풍조를 형성하는데 지대한 영향을 미쳤다.

그러므로 당나라 이전 선진양한위진남북조(先秦兩漢魏晉南北朝) 시대의 차 문화를 이해하고 역사적으로 차를 즐긴 인물들을 중심으로 차에 관한 고사(古事)들을 살펴보는 것은 대단히 중요한 일이라 생각한다. 이러한 부분은 차 문화사에서 매우 가치가 높은 자료들이고 당나라 이전 차와 관련된 문헌들은 그리 많지 않다. 자료들 중 동다송에 나타난 주요 고사들만의 내용을 중심으로 살펴보고자 한다.

(1) 신농(神農)『본초경(本草經)』

(3송) 염제(炎帝) 신농(神農)은 일찍이 차를 맛보고
『식경(食經)』에 실었네.
炎帝曾嘗 載食經

신농(神農)

차의 발견과 최초의 이용은 신농시대가 기원이라고 전해지고 있다. 신농씨는 중국 고대 전설적인 신화의 황제로 인신우두(人身牛頭)의 형상을 하고 있고 음식을 불에 익히는 법을 발명했기 때문에 염제(炎帝)라고도 하며 농업을 창시하였기 때문에 신농씨(神農氏)라고도 부른다.[55]

한나라 때 신농의 이름에 의탁하여 지은 약서(藥書) 『신농본초경(神農本草經)』 중에도 회남자(淮南子) 수무훈(悟務訓)에는 신농이 약초의 약효를 검증한 내용이 전한다. 사기 보삼황본기(史記 補三皇本紀)에는 '신농이 백 가지 풀을 맛본 것이 의약의 시작이다.'라고 기록하고 있으며 송나라 구종석(寇宗奭)의 본초연의(本草衍義) 중에도 '신농이 백 가지 풀을 맛보고 어느 날 72가지의 독에 중독되었는데 찻잎을 먹고 해독되었다.'라고 적고 있다.[56]

신농본초경의 사기 보삼황본기, 본초연에는 신농시대에 이르러 차나무를 발견하고 찻잎에 해독작용이 있음을 알게 되었으며, 이로부터 찻잎을 약용으로 사용하기 시작했고 모든 초목의 맛을 신농 자신의 혀로 맛본 것이 의약의 시초라고 적고 있다. 이후 인류는 찻잎에 단순히 해독작용만이 있는 것이 아니라 다양한 차의 성분에 따른 여러 가지 약리 작용이 있다는 것을 인식하게 되었고 차는 인류의 생활에 더욱 밀접하게 다가가기 시작했다.[57]

(2) 차(茶) 자의 명칭과 음원(音源)

고대 중국에서 '차(茶)' 자에 대한 기록들을 여러 고문헌에서 찾아서 종합해 보면 다음과 같다. 도(荼), 타(詫), 가(檟), 천(荈), 설(蔎), 명(茗), 고로(皐蘆), 차(茶) 등의 여덟 글자가 모두 차(茶) 자의 의미가 있는 글자들이다. 이 글자들의 출전을 보면 다음과 같다.

『시경(時經)』에 수위도고(誰謂荼苦), 채도신저(採荼薪眠), 『이아(爾雅)』에 가(檟), 고도(苦荼), 『신농본초(神農本草)』에 도생익주 삼월삼일채(荼生益洲 三月三日採), 『동약(僮約)』에 팽도진구(烹荼盡具), 무양매도(武揚買荼) 등이다.[58] 위의 문헌 중 동다송에 나타난 문헌들 위주로 살펴보겠다.

(가) 이아(爾雅)[59]

(5송) 이아(爾雅)에 가(檟)는 고도(苦荼)이다.

爾雅 檟 苦荼

주공(다경도설)

차의 명칭에 관한 기록은 일반적으로 찻잎의 채엽시기에 따른 차의 명칭과 찻잎의 세눈(細嫩) 정도에 따른 차의 명칭, 차의 맛에 따른 명칭 등으로 나누어 기술하고 있다. 그런데 주공(周公)의 이아(爾雅)에는 '가(檟)는 고도(苦荼)이다.'라고 했다. 가(檟)는 쓴 차이다 라고 하지 않고, 고도(苦荼)라고 한 것은 옛 차의 호칭을 쓴 것이다. 가(檟)는 차(荼)라는 뜻이다. 촉 사람들의 가(檟)에 대한 해석인 고도(苦荼)는 차를 뜻하는 방언이다. 중국의 차 문화의 시작은 한족이 아니라 이민족에서부터 시작된 문화이다.

이아(爾雅)의 석목(釋木) 편에 기록된 내용이다. 당시 가(檟)와 고도는 모두 차를 뜻하는 글자로, 이아는 중국의 사전류 중 가장 일찍 차(荼)자를 기록하고 차자에 대해 해석한 체계적이지 않은 최초의 사전이다. 이아는 진한시대에 쓰여진 한자 사전으로 한자들을 일정한 순서로 늘어놓고 한자의 음과 뜻을 풀이한 책으로 자전 또는 자서라 한다. 이아의 이(爾)는 가깝다는 뜻이고, 아는 바르다는 뜻으로 이 둘을 합치면 가까이에서 틀리게 쓰이는 말을 바로 잡는다는 뜻을 가지고 있다.

이아(爾雅) 외에 가(檟) 자의 해석에 대해 기록하고 있는 문헌을 살펴보면 설문해자고정(說文解字考正)에서 가(檟)의 본래의 뜻은 차가 아니라 '개오동나무'이며 나중에 차를 나타내는 뜻으로 사용되었다.

후한 시대의 허신이 쓴 『설문해자』라는 책은 이아 다음에 나온 책이다. 허신은 최초로 부수를 만든 사람으로 처음 창안할 때의 부수가 540개였는데 현재 남은 부수는 214개이다. 부수 배열 방식에 따라 한자를 설명하고 있다. 또 남북조시대(420~589) 남조 양나라 고야왕의 지시 하에 자전을 만들었는데 그것이 옥편이다.

이아에서 주제는 가(檟) 자에 대한 해석이다. 이아의 저자와 저술 연대는 확실치 않지만 추정은 가능하다. 다경에는 이아를 지은 사람이 주공으로 되어 있으나 진(秦)나라 시기와 한나라 시기에 유학자들이 저술했다고 보고 있다. 그러므로 이아라는 책은 주공이 저술하지 않았다는 것이 현대의 정설이며 당나라 때는 주공이 지은 것이라고 잘못 알려진 것으로 추정된다.

주공(B.C. 1100~256)은 고대 주나라 성인이며 성은 희(嬉), 이름은 단(旦)이다. 주나라를 세운 무왕의 동생으로 무왕을 옆에서 보필하고 나라를 세우는데 큰 공을 한 사람이다. 무왕(재위 B.C. 1134~1116)의 아들인 2대 성왕(B.C. 1115~1079)이 어린 나이에 등극한 후에도 그를 도와 주나라의 기초를 튼튼히 다졌다. 관제를 정하고 예약 제도를 창제하였으며 주나라의 문물을 완비하였다. 정권을 찬탈하지 않고 섭정을 통해 왕권을 지켜낸 인물로 후에 공자(B.C. 552~479)에 의해 높이 평가되고 존경을 받았다. 『이아』는 천문지리, 음악, 초목, 조수 등과 관련된 고금의 문자를 설명한 책인데 백과사전식으로 해설한 사전적인 책이다.

(나)『광아(廣雅)』

(5송)『광아』에 보면 형주와 파주 사이에는 찻잎을 따서

끓여 마시면 술이 깨고 사람으로 하여금 잠을 적게 한다.

廣雅 荊巴間 采葉其飮 醒酒 令人少眠

광아(廣雅)는 삼국시대 위(魏)나라의 훈고학자(訓詁學者)인 장읍(張揖)이 태화연간(太和年間, 227~232)에 지은 책으로 이아를 증보한 책이다. 이아의 내용을 증보하였기에 광아라고 하며 박아(博雅)라고도 한다. 박아라고 한 이유는 피휘(避諱) 때문이다. 수나라 시기에 이르러 수나라 개국 황제의 이름은 수문제이고 2대 황제는 수양제이다. 이 집안은 양씨의 왕조인데 수양제의 이름이 양광이다. 그래서 황제의 이름을 함부로 쓰이는 것

광아(제자백과)

처럼 보일 수 있으므로 박아라고 불렀다. 광(廣)자와 박(博)자는 모두 넓다는 뜻이다. 장읍은 이아에 없는 주석을 보충하고 시간이 지나면서 새로이 생겨난 의미들도 같이 추가해서 광아를 집필하고 완성했다.

광아는 형주(荊州)와 파주(巴州) 지역의 병차의 용어와 제다 방법과 음차 방법에 대해 기록한 현존하는 문헌 중에 가장 오래된 문헌이다. 병차의 현물은 B.C. 141년 서한 시대 때의 효경황제(孝景皇帝) 부장품에서 병차가 발견된 것이 최초이다. 과학적으로 분석한 결과 0.5~1cm 정도의 아주 작고 여린 잎으로 된 산차 상태의 덩어리차로 기네스북에 올랐다. 그래서 중국은 병차의 역

사를 새롭게 쓰게 되었다.

광아에 이르기를 '형주와 파주 사이에는 찻잎을 따서 병차를 만들고 찻잎이 쇤 것은 엽즙이 적어서 쌀미음을 쑤어서 섞어 병차를 만들었다. 차를 끓여 마시고자 할 때는 먼저 병차가 적색이 되도록 불에 굽고 구운 병차를 찧은 후 그 가루를 자기 안에 넣고 탕수를 붓고 뚜껑을 덮는다. 혹은 파, 생강, 귤 등을 함께 넣고 끓인다. 이것을 마시면 술을 깨게 하고 사람이 잠을 적게 한다.'고 했다.[60]

광아에서는 약리적 효능이 많은 재료들을 차랑 함께 끓여 마셨는데 이 차를 마시면 술을 깨게 하고 잠을 적게 한다고 언급 하고 있다. 광아의 내용은 크게 병차의 제다법과 음다법과, 약리적인 효능등 세 가지로 나눌 수 있다. 형주와 파주 지역에서는 순수한 차만을 마시는 청음문화와 차에 여러 가지 재료를 섞어서 약리적 효능을 높인 서민들이 마시는 조음문화가 함께 공존했다. 그리고 위나라 장읍(張揖)은 잡자(雜字)에서 '천은 명(茗)의 다른 이름이다.'라고 했다.

(다) 『이아주(爾雅注)』[61]

곽박(郭璞)의 『이아주(爾雅注)』는 이아(爾雅)에 주를 단 것이다. 이아주에는 차나무의 모양과 특징, 찻잎의 이용방법, 찻잎을 따는 시기에 따른 차의 명칭 등에 대해 기록하고 있다. 차나무는 작고 치자나무와 비슷하며 겨울에도 시들지 않는 상록수이고 찻잎은 국으로 끓여 마실 수 있다. 찻잎의 이용방법에는 세 가지가 있다. 약용이라는 말은 차를 약으로 사용했다는 말이고, 식용이라는 말은 차를 먹거리로 이용했다는 얘기이고, 음용은 차를 마실 거리로 사용했다는 것이다. 이아주에 찻잎을 국으로 끓여 먹을 수 있다고 한 것은 식용을 이야기하는 것이다. 그리고 차(茶)와 명(茗)의 구별을 분명히 하여 일찍 채취하

다도진의

면 차(茶)이고 늦게 채취하면 명(茗), 혹은 천(荈)이라고 했다.[62] 촉(蜀) 사람들은 이를 고도(苦荼)라고 하여 채적시기에 따라 명칭을 달리했음을 알 수 있다.

이리하여 차(茶) 자가 정립되기 전까지는 차의 이름은 매우 다양했다. 당나라 시대 『다경』의 저자 육우는 차의 맛에 따라서 명칭을 달리했다. 맛이 단 것을 가(檟)라고 하고 맛이 쓴 것을 천(荈)이라 했다. 마실 때는 쓰지만 마시고 나면 단맛만 나는 것을 차(茶)라고 한다고 했다. 그래서 육우는 다경 「일지원」에 차를 뜻하는 글자로 차(茶), 가(檟), 설(蔎), 명(茗), 천(荈), 5글자를 적고 있다. 다경을 통해서 차(茶)자를 정립시켰으며 9세기에 이르러 차(茶)자가 비로소 통용되었다.[63]

곽박(郭璞, 276~324)의 자는 경순(景純)이며 진대의 하동(河東) 사람이다. 신선전(神仙傳)에 의하면 그는 세상을 초탈하고 박학다식하며 천문, 지리, 하도(河圖), 낙서(洛書), 효상(爻象), 참위(讖緯)와 풍수지리에 통달하고 사람과 귀신의 실상도 잘 알아맞히었다고 한다.

곽박

(3) 천선인귀 구애중(天仙人鬼 俱愛重)

(제3송) 천인이나 신선이나 사람이나 귀신이 모두

사랑하고 아꼈다

天仙人鬼 俱愛重

『수신기(搜神記)』는 진나라의 신이한 일들을 찾아서 기록한 설화책이다. 수신기의 원본은 전하지 않는다. 귀신세계와 괴이하고 신이(神異)한 일들을 찾아 내어 기록한 책이다. 동진(東晉) 시대의 사학자이며 문학가인 간보(干寶)가 저술한 수신기는 육조(六朝)의 대표적인 지괴소설(志怪小說)로 대부분 괴이하고 영통하고 신이한 고사(古事)들이다.

수신기에 보면 하후개(夏侯愷)라는 사람이 병으로 죽었는데 그의 종 중에 구노(苟奴)라는 사람은 귀신을 살펴 볼 줄 알았다. 구노가 보니 죽은 하후개가 집에 와서 말을 가져가고 이 때문에 하후개의 아내도 병들게 하였다. 하후개는 머리싸개를 쓰고 홑옷을 입고 집에 들어와서 살아 있을 때처럼 서쪽 벽의 커다란 평상 위에 앉아 가족들에게 차를 달라고 해서 마셨다. 이 고사는 귀신도 차를 좋아한다는 것을 알 수 있다. 하후개가 사후에도 차를 마신 것은 생전에 차를 즐겨 마셨기 때문으로 보인다.[64]

4) 선진양한위진남북조 시대 차(茶)의 고사(故事)

(1) 담제도인(曇濟道人)의 접빈차

(4송) 왕자상이 팔공산으로 가서 담재도인을 만났는데
도인이 차를 대접하였다.
왕자상이 차를 음미하고 "이것이 감로입니다." 하였다.
王子尙 詣曇濟 道人於八公山 道人設茶茗 子尙味之曰,
"此甘露也" 何言茶茗.

다도진의

담제도인(다경도설)

중국 남조 시대 왕자 상(王子尙)이 팔공산(八公山)에 거처하는 담제도인을 찾아갔을 때 도인이 차를 대접했는데 자상이 맛보고는 '이것이 감로(甘露)입니다.'라고 말했다. 『송록』에 실린 글로 신안왕 자란과 예장왕 자상이 중국 안휘성 팔공산 담제도인에게 차를 대접받은 이야기이다.

왕자 상(王子尙)은 1600년 전 남조(南朝), 송나라 때 4대왕 효무제(孝武帝. 재위 453~464)의 여덟 번째 아들인 신안왕(新安王) 자란(子鸞)이다. 부왕의 총애가 깊어 양양왕(梁襄王)에 봉하자 이를 시기하던 형 폐제(廢帝)가 자결을 명했는데 이때가 10세 때었다. 후에 폐제가 폐위되고 숙부 명제(明帝)가 즉위하여 그를 신안왕으로 봉했다.[65]

예장왕(豫章王) 자상(子尙)은 효무제의 둘째 아들로 자(字)는 효사(孝師)인데 효무제의 총애를 받다가 자란이 태어난 뒤로는 총애가 줄었다. 자상은 형인 유자업이 폐제로 즉위하였을 당시에 양주도독으로 있었으나 명제(明帝, 465~472)가 죽은 뒤 후폐제(後廢帝. 재위 472~477)가 칼로 자결하라는 명을 받고 16세의 어린 나이에 죽었다. 자상도 서양왕(西陽王)에서 예장왕으로 봉해졌다. 형 폐제의 시기로 인해서 자결을 명받은 두 형제는 당시 열 살과 열여섯 살이었다.

담제도인(曇濟道人)은 승려로 안휘성 팔공산 동산사(東山寺)에서 수도했으며 운제도인(雲濟道人)으로도 불린다. 13세에 출가하였고 차의 달인이었다고 한다.[66]

(2) 안영(晏嬰)의 식단

(6송) 제나라의 안영(晏嬰)이 거친 밥과 차나물 반찬을

먹었다고 하더라

脫粟伴菜 聞齊嬰

『안자춘추(晏子春秋)』라는 책에 안영(晏嬰)이 제(濟)나라 경공 당시 재상으로 있을 때 그가 먹은 것은 껍질 벗긴 현미밥과 구운 고기 세 꼬치와 다섯 개의 새알과 차나물뿐이었다고 했다. 제(濟)나라 재상 신분의 식단이 검소하였다는 것이 주제이다. 위의 문장으로 보아 안자의 제나라 경공(景公, 547~500) 당시 차나물을 식용으로 이용했다는 것을 알 수 있다. 찻잎은 이용방법에 따라 약용과 식용, 음용, 세 가지로 구분할 수 있다. 차를 먹거리로 사용한 예는 차죽, 차나물, 차국 등이다.

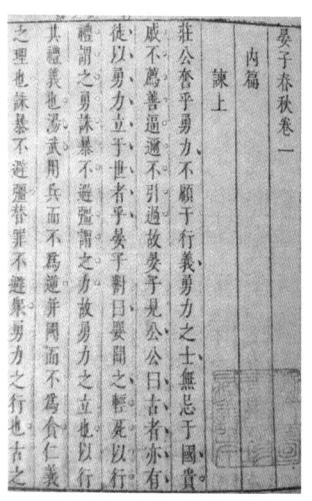

안자춘추

『안자춘추』는 춘추 말기 제국의 안영의 정치 활동, 사상, 언행과 간언에 관해 후인들이 기술한 작품이다. 안자(晏子)는 지금으로부터 약 2500년 전의 인물이다. 이름은 안영(晏嬰)이며 자는 평중(平仲)이고 산동성(山東省) 고밀(高密) 사람이다. 그는 영공(靈公), 장공(莊公), 경공(景公) 세 임금을 모신 재상으로 임기응변에 아주 뛰어났으며 달변가이고 평소에 검소하여 겉옷을 30년 이상 입었다. 뛰어난 지혜와 충직한 성품으로 많은 이들의 존경을 받았으며 관포지교

의 관중과 더불어 제나라의 유명한 정치가로 꼽힌다.

안영은 귤이 탱자로 변하는 것처럼 사람도 환경에 따라 변할 수 있다는 '귤화위지(橘化爲枳)'의 이야기나 양의 머리를 내걸고 개고기를 판다는 겉과 속이 다르다는 '양두구육(羊頭狗肉)'의 이야기로도 유명하다.

(3) 우홍의 차(茶) 제사[66]

(7송) 우홍은 단구자에게 제사를 지내고 차를 얻었다.

虞洪薦犧 乞丹邱

『신이기(神異記)』에 여요 사람 우홍이 산에 들어가서 찻잎을 채취하다가 한 신선을 만났는데 세 마리의 청우를 끌고 있었다. 신선은 우홍을 인도하여 폭포산에 이르러 말하기를 "나는 단구자라 하오. 듣자니 그대는 갖추어 차 마시는 일을 잘한다기에 늘 한번 만나기를 바랐소. 큰 차나무가 산속에 있으니 그것을 그대에게 줄 수 있을 거요. 당신에게 바라건대 훗날 여분의 차가 있으면 나에게 좀 남겨주기 바라오."라고 했다. 이리하여 우홍은 단구자에게 차를 올려 제사를 지냈다. 후일 입산하여 대명(大茗)을 얻었다. 여기에서 보듯이 사람이 차를 좋아하는 것은 당연하고 신선도 차를 좋아했다고 전하고 있다. 우홍이 제사에 차를 올렸다는 것은 차가 제상에 제물로 올랐음을 알려주는 중요한 내용이다.

『신이기』는 전한 때의 설화책이다. 이책의 지은이는 한무제(漢武帝, 재위 142~87)때 삼천갑자를 살았다는 동방삭이 저술했다는 설이 있고, 또 하나는 진나라 혜제(惠帝, 재위 289~305) 때의 도사인 왕부가 지었다는 설도 있다.1 여기서 대명은 야생 대차수로 추정된다.

『다경』의 칠지사에 남제(南齊)의 세조인 무황제(재위 482~493)는 '나의 제사상에는 살생한 제물을 올리지 말라. 그저 떡, 과실, 차(茶), 마른밥, 말린 고기만 올리라.'고 했다.[67]

(4) 『속수신기(續搜神記)』의 진정

(7송) 모선(毛仙)은 차밭을 보이며 진정(秦精)을 이끌었네

毛仙示叢引秦精

진나라 무제 때에 신성 사람 진정이 어느 날 무창산에 들어가 차를 따다가 키가 아주 큰 털보를 만났다. 그는 진정을 이끌고 산 밑으로 가서 울창한 차나무 숲을 보여주고 갔다. 얼마 후 다시 돌아와 품에서 귤을 꺼내 진정에게 건네니 진정은 겁이 나서 등에 차를 지고 돌아왔다. 모선이 진정에게 귤을 준 까닭은 그 당시 귤은 아주 귀한 과일이었기 때문일 것이다.

『속수신기』는 도연명이 『수신기』의 뒤를 이어 지은 책이다. 『수신기(搜神記)』는 진(晉) 나라 때 간보가 지은 소설집으로 주로 귀신, 영혼, 신선, 점복(占卜), 기현상, 흉조 따위의 신이하고 귀이한 고사를 기록한 책이다.

(5) 『이원(異苑)』의 진무처

(8송) 땅속에 묻힌 오래된 귀신도 정성스런 차를 대접받고

만전(萬錢)의 사례를 하였다.

潛壤不惜 謝萬錢

헌다(獻茶)

「이원(異苑)」은 남송의 문제(文帝) 때 유경숙(劉敬叔)이 지은 요괴담 (妖怪談)을 모은 진체비서(津逮秘書) 11집에 실려 있는 이야기책이다. 이 이야기는 섬현에 사는 진무의 아내는 젊어서 과부가 되어 두 아들과 같이 살면서 차 마시기를 좋아했다. 집안에 고총이 있어서 항상 차를 마시기 전에 먼저 그 무덤에 헌다를 하였다. 두 아들이 말하길 "오래된 무덤이 어찌 알겠습니까? 부질없는 수고입니다."하며 그 무덤을 훼손하려 했으나 어머니가 만류하였다.

그날 밤 꿈에 한 사람이 나타나서 이르기를 "내가 이 무덤에 묻힌 지가 300여 년이나 되었는데, 그대의 두 아들이 항상 무덤을 파헤치려 하였으나 당신이 보호해 주고 차까지 주었소. 내가 비록 땅속에 있는 썩은 유골일지라 어찌 '예상의 보은'을 잊을 수 있겠소."라고 하였다. 다음날 새벽에 뜰에서 돈 십만 냥을 얻었다. 그 돈은 땅속에 묻힌 지 오래된 것 같지만 돈꿰미는 새것이었다. 어머니가 이 일을 두 아들에게 말하니 두 아들은 부끄러워하여 더욱 극진히 차를 올리고 제사를 지냈다.[68] 이 고사의 주제는 '귀신도 차를 좋아하고 은혜에 보답한다.'는 내용을 알 수 있다.

(6) 장맹양의 『등성도루(登成都樓)』

(9송) 향기로운 차는 육청의 으뜸이며,

넘치는 맛은 온 천하에 퍼지는구나.

芳茶冠六淸 溢味播九區

동다송 9송의「등성도루」시. 본래 시제 제목은 '등성도백토루' 즉 '성도의 흰토끼 누각에 오르는 시'이다.「등성도루」는 장맹양이 성도의 백토루에 올라 지은 시로 백토루는 촉나라의 도읍이던 지금의 사천성을 한눈에 내려다볼 수 있는 누각이다. 등성도루는 차를 노래하고 묘사한 작품 중 현존하는 가장 이른 것이다.

이 시는 사천(四川) 성도의 부호인 정정과 탁왕손의 사치스러운 생활을 그렸다. 고대 제후들이 먹던 호사스러운 정식(鼎食)은 맛이 훌륭하고 뛰어나지만 사천성의 향기로운 차는 모든 음식 보다도 훌륭해서 온 천하에 향미가 넘치며 그 차가 생산되는 성도(成都)야말로 사람들이 인생을 안락하게 즐길만한 고장이라고 이야기한 시이다. 성도의 차를 극찬한 시로 당시 성도의 차가 중원에 널리 전파되었음을 알 수 있다.[69]

등성도루(登成都樓)

양웅의 옛 집터를 물어보고

사마상여의 거처는 어떠한지 생각해 보네.

옛날에 정정(程鄭), 탁왕손(卓王孫)이 천금을 쌓고

다도진의

그들의 교만과 사치는 제후들과 견줄 만했다네.

대문 앞에는 말을 탄 손님들이 줄을 이었고

손님들은 비취 허리띠에 오나라의 명검(名劍)을 찼다네.

온갖 진귀한 음식이 때때로 올라오고

모든 요리는 그 맛이 오묘하고도 뛰어나네.

가을에는 숲을 헤치며 귤을 따고

봄에는 강가에서 물고기를 낚는다네.

생선의 맛은 젓갈보다 낫고

과실 안주는 게장보다 뛰어나네.

사천(四川)의 향기로운 차는 모든 음료(육청) 중에 으뜸이며

넘치는 맛은 천하에 퍼지네.

인생을 안락하게 보내려면

이 지방(成都)이야말로 즐길 만한 곳이네.[70]

장맹양(張孟陽)은 서진 무제 때의 사람으로 이름은 장재(張載)이고 자가 맹양(孟陽)이다. 아버지가 촉군 태수(太守)로 있을 때 방촉(肪燭) 도중에 검각산(劍閣山)에서 검각명(劍閣銘)을 써서 문명을 날렸다. 동생 협(協)도 칠명(七命)이란 작품으로 형보다 많이 알려진 문인이다.[71]

(7) 손초(孫樵)의 『가(歌)』[72]

(18송) 수유는 향기로운 나무꼭대기에 맺히고

잉어는 낙수의 샘에서 난다네.

하얀 소금은 하동에서 나고

좋은 메주는 노연에서 난다네.

생강과 계피와 차천은 파촉에서 나고

산초와 귤과 목란은 고산에서 난다네.

여뀌와 차조기는 도랑가에서 나고

좋은 피는 밭에서 난다네.

茱萸出芳樹巓 魚出洛水泉 白鹽出河東 美豉出魯淵

薑桂茶荈出巴蜀 椒橘木蘭出高山 蓼蘇出遘渠 精稗出中田

　

손초(孫樵, 218~293)는 서진 시대에 참군(參軍)이라는 벼슬을 지냈고 한유(韓愈)의 문하(門下)생이며 자는 가지(可之)로 관동(關東) 사람이다. 중서사인(中書舍人)을 지내고 문집 『손가지집(孫可之集)』 10권을 남겼다.

이상으로 동다송에 나타난 선진양한위진남북조 시대의 차에 대한 고사들을 살펴보았다. 이처럼 차 문화를 이해하려면 역사를 살펴야 하는 것은 물론이고 고사 속의 인물들도 살펴보는 것이 바람직하다할 것이다. 신농을 기원으로 차(茶) 자의 명칭과 음원, 그리고 최초의 사전인 이아(爾雅)에 가장 일찍 차(茶) 자를 기록한 것을 알 수 있었고, 이아에 주를 단 이아주에서는 차나무의 생물학적 특징과 찻잎의 이용방법, 찻잎의 채엽시기에 따른 명칭과 촉인들이 사용한 차(茶)자 등과 가(價)에 대한 해석에서 고도(苦荼)는 촉 사람들이 차를 뜻하는 글자로 사용한 방언임을 알 수 있었다.

광아의 문헌에는 병차(餠茶)라는 단어가 처음으로 등장했다. 병차를 만들 때는 쇤 잎은 엽즙이 적어 접착력이 약하므로 쌀미음을 쑤어 사용하고 병차를 구울 때는 적색이 될 때까지 굽는다고 했다. 차를 적차(炙茶) 하는 이유는 잡내 제거와 살균 효과, 향기의 성분 때문이다. 그리고 3세기 초의 병차 제다법과 자차법, 음다법, 그리고 차의 효능까지 알 수 있었다.

장맹양의 「등성도루」에서는 현존하는 시사(詩詞)나 문학 작품 중 차를 노래하고 묘사한 가장 이른 문장임을 살펴보았다. 육청 중에 차가 으뜸이라고 하여 드디어 향기로운 차의 가치를 알아주는 시가 나온 것이다. 등성도루는 탁왕손의 딸 탁문군과의 애틋한 사랑으로도 유명한 시이다.

신이기(神異記)의 신선 사상과 도가에서 신선도 차를 좋아했고, 이원(異苑)에서 진무의 처가 헌다한 귀신이 만전으로 보답을 하니 천인이나 신선, 사람과 하우개의 귀신까지도 모두 차를 좋아함을 알 수 있었다.

천인, 귀신, 신선, 인간이 이처럼 차를 아끼고 사랑하고 좋아했던 이유는 차는 양생의 선약이며 사람의 생명을 늘려 주는 묘한 효능 때문이 아닐까 한다.

5) 『동다송』에 나타난 차의 약리적인 효능

찻잎

차는 오랫동안 인간의 삶 속에서 처음에는 약용(藥用)으로 이용되었던 것이 점차 식용에 이어 기호 음료로 정착되었으며 오늘날에는 건강 기호 음료로 사랑을 받고 있다. 차가 건강 기호 음료로 사랑을 받는 가장 큰 이유는 차에 함유된 화학성분이 가지고 있는 다양한 효능 때문이다. 이런 좋은 약리적인 성분들을 예전엔 경험으로만 알 수 있었지만, 오늘날에 와서는 과학적인 연구로 밝혀냈다.

육우의 『다경』 칠지사는 총 48편의 고사(古事)들로 이루어졌는데 그중 아홉 편의 내용이 약리적인 효능들이다. 초의선사는 이를 동다송에 실었고 다경 이 외의 다서(茶書)에서도 인용하여 함께 실었다. 이 책에서는 『동다송』에 나타난 차의 약리적인 성분들을 현대 과학이 밝혀낸 성분과 함께 짚어 보기로 하겠다. 『동다송』에서 차의 효능에 대해 언급한 부분은 3송, 5송, 10송, 20송, 30송 등 이다. 주로 흥분작용, 각성작용, 해독작용, 숙취 해소, 항노화 그리고 스트레스 해소와 힘이 생기고 마음을 편안하고 즐겁게 하는 효과 등을 언급하였다.

『동다송』에서 차를 마시고 효능을 본 주인공들을 살펴보면 3송 11구에서는 염제 신농씨의 『식경』에 말하기를 차를 오래 마시면 사람으로 하여금 힘이 생 기고 마음을 즐겁게 한다고 했고 5송의 13구에서는 숙취를 풀어주고 잠을 적 게 하는 것을 고대 주(周)나라 주공이 증명을 했다. 숙취 해독작용은 카테킨의 해독작용이며 잠을 적게 하는 것은 카페인의 각성작용이다.

10송의 19구에서는 수나라 문제가 황제가 되기 전에 꿈에 귀신이 뇌(腦)를 바꾸어서 두통을 앓게 되었는데 이 두통을 고친 신이한 성분은 차의 카페인과 테아닌 성분이다. 그리고 20송의 41구, 42구에서 늙은이를 젊게 하고 팔십 노 인의 얼굴을 복숭아처럼 붉은빛이 나게 한 것은 카테킨의 항산화와 비타민 C 의 작용이다.

30송의 61구, 62구에서 옥화 차 한 잔 에 겨드랑이에서 바람이 일고 몸이 가벼 워져 상청경에 오르는 것은 도교의 신선 사상으로 형이상학적인 부분의 이상형에 해당한다. 이렇게 동다송 각 송에서 차 성

카테킨 EGCg

다도진의_

분으로 인한 효능들을 언급하고 있다.

초의선사가 동다송에 언급한 부분 중에서 현대 과학이 밝혀낸 성분과 효능에 대해 살펴보자.

(1) 염제 식경운(炎帝 食經云)

(3송) 염제의 『식경』에 이르기를 '차를 오랫동안 마시면

사람으로 하여금 힘이 생기게 하고 마음이 즐거워진다.'

炎帝 食經云 茶茗久服 令人有力悅志.

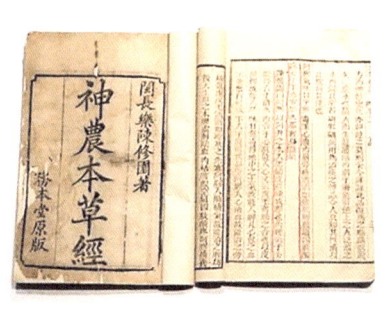

신농본초경

오늘날 전하고 있는 약서(藥書) 가운데 신농을 이름으로 한 것은 청대 황석(黃奭)이 편찬한 『신농본초경(神農本草經)』이 있다. 그 책 상권 「상경(上經)」에는 다음과 같이 차에 대하여 기록하고 있다.

명(茗)은 고도(苦荼)이다. 고채(苦荼)는 맛이 쓰고 달며 성질은 조금 차다. 부스럼을 다스리고 소변을 잘 보게 하며 담과 갈증과 열을 없애고 잠을 적게 한다. 가을에 딴 쓴 찻잎은 기를 내려서 음식의 소화를 돕는다. 주(註)에도 이르기를 차는 봄에 채취한다라고 했다.

본초 『채부』에서는 고차는 일명 차, 선, 유동이라 한다. 익주의 시냇물과 골짜기에서 나고 산릉과 길옆에서 나며 겨울에도 얼어 죽지 않는다. 3월 3일에 따서 말린다. 주(註)에 의하면 오장(五臟)의 사기(邪氣)를 다스리며 비장(脾臟)과 위장(胃腸)을 도운다. 오래 복용하면 마음을 편안하게 하고 기운을 북돋우며

눈과 귀를 밝게 한다고 했는데 아마 이것이 오늘날의 차(茶)일 것이다. 도(荼)라고도 하는데 이것은 잠을 안 오게 하는 것을 말한다.[73]

『본초주』에 의하면 '『시경』에 이르기를 누가 차(茶)를 쓰다고 했는가?'라고 했고 '또 이르기를 근도는 엿처럼 달다고 했으니 모두 쓴 나물이다. 도홍경이 '고차'라고 한 것은 나무 종류이지 채소가 아니다. 차는 봄에 따는 것으로 이를 '고도'라고 이른다.'라고 했다.[74]

3송에서 신농(神農)이 말한 힘이 나게 하는 성분과 마음을 즐겁게 하는 성분은 카페인의 각성 작용과 차의 향기 성분으로 분석해 볼 수 있다.

염제 식경의 '다명구복 영인유력열지(茶茗久服 令人有力悅志)'는 차(茶)가 생리적 효능과 정신적 효능이 있음을 뜻한다. 차의 성분 중 카페인은 관상동맥을 확장하고 심근(心筋) 수축 운동을 강화하며 원활한 혈액 순환을 돕는 등 각성 작용을 하며 이와 같은 카페인의 생리적인 작용은 신체를 건강하게 한다. 또한, 차의 향기 성분은 피로 해소, 진정 효과, 긴장 완화, 기분전환 등 인간의 생체리듬 조절 효과가 있어 사람의 마음을 편안하고 즐겁게 해준다.[75]

(가) 카페인(Caffeine)의 각성 작용

카페인은 가장 먼저 발견된 차의 성분으로 1820년 독일의 화학자 룽게(F.F

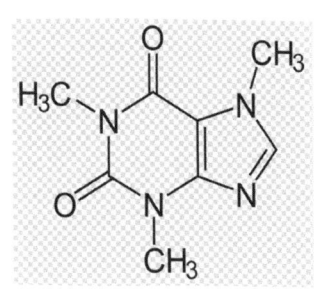

카페인 구조식

Runge)가 커피에서 처음 발견하였다. 1827년 영국의 화학자 오드리(K. Oudry)가 찻잎 중에서도 발견했는데 처음에는 '데인(thein)'으로 명명(命名)하였지만 1829년 독일의 화학자 멀더(C. Mulder)와 욥스트(C. Jovst)가 카페인과 동일한 물질임을 밝히면서 카페인으로 부르게 되었다.

카페인의 화학식은 $C_8H_{10}N_4O_2$이며 메틸 크산틴 계열의 중추신경 계통 각성제이다. 세계에서 가장 널리 사용되는 향정신성 약물로 다른 향정신성 물질과 달리 유일하게 거의 모든 나라에서 합법적이며 규제가 없다. 카페인은 차를 약용으로 또는 기호음료로 오랫동안 마시게 한 핵심적인 성분이다. 찻잎의 카페인 함량은 3~5% 정도이고 냄새가 없는 침상의 결정으로 알칼로이드(alkaloid) 성분이다. 카페인의 쓴 맛은 인간이 찾아낸 가장 고귀한 맛일 것이라 생각한다.

카페인의 작용은 크게 각성작용, 강심작용, 이뇨작용, 피로회복, 기분전환 등이 있다. 찻잎을 따는 시기가 빠를수록 함유량이 많고 또 햇볕을 가려 주면 함유량이 증가한다. 카페인은 120~178℃에서 승화되며 뜨거운 물에 잘 우러나며 특유의 쓴맛을 가지고 있다. 잠을 쫓아 정신 활동을 높이고 활력을 북돋운다. 기억력, 판단력, 지구력 등을 증강하고 두통을 억제하기도 한다. 찻잎 의 카페인 함량은 커피보다 많지만 커피에 함유되어 있지 않은 카테킨과 테아닌 성분에 의해 카페인 흡수가 저해되고 길항작용(拮抗作用)으로 생리적 작용이 억제되어 커피보다 부작용이 적은 것이 차에 들어있는 카페인만의 특징이다.[76]

(나) 차의 향기 성분

차의 향기는 제조방법이나 기상조건, 토질에 의해서 좌우된다. 일반적으로 향기가 풍부한 차는 밤낮으로 온도 차가 심하고 산간의 계곡 주변에 아침저녁으로 안개가 끼어 천연의 그늘이 되는 곳에서 자란다. 한 잔의 차를 우려 마시면서 차의 색상과 코에 와 닿는 향기 성분 그리고 부드러운 맛을 즐김과 동시에 카페인에 의한 대뇌 자극으로 머리가 맑아지고 기분이 좋아지게 된다. 또한, 피로 해소와 진정효과, 긴장 완화 등 인간의 생체리듬 조절 효과가 있으므

로 사람의 마음을 편안하고 즐겁게 해준다.[77]

(2) 해정소면 증주성(解醒少眠 證周聖)

(5송) 차는 숙취를 해소하고 졸음을 적게 하니,

이는 주공이 증명한 바이니라.

茶 解醒少眠 證周聖

5송에서는 술을 깨게 하는 성주(醒酒)와 잠을 적게 하는 소수(少睡)라는 차의 효능을 주나라 주공의 경험을 들어 적고 있는데, 이는 카테킨의 해독작용과 카페인의 각성작용을 이야기한 것이다.

(가) 카테킨의 해독작용[78]

술을 많이 마신 다음 날 숙취가 일어나는 것은 아세트알데하이드라는 성분에 의한 것이다. 알코올이 체내에 들어가면 간장에서 완전히 분해되어 최종적으로 물과 이산화탄소로 되어야 하지만, 간장에서 분해할 수 없을 정도의 알코올을 마시게 되면 분해 중간 단계 물질인 아세트알데하이드 성분이 축적되어 숙취라는 독특한 증상이 나타나는 것이다.

숙취 제거에 차가 매우 효과적이라는 것은 옛날부터 민간요법의 하나로 전해져 내려왔다. 일본 시즈오카 약대의 하야시 에이이치(林榮一) 교수 등은 알코올을 먹인 쥐를 실험대상으로 하여 찻잎 추출액의 영향을 알아보고자 했다. 실험 결과 카테킨 성분이 술의 아세트알데하이드와 결합하면 그것을 체외로 배출시킴으로써 해독작용을 하는 것으로 밝혀졌다. 또한 차에 들어있는 아미

다도진의_

노산과 카페인, 비타민 C 등도 간(肝)에 있는 아세트알데하이드 분해효소를 더욱 활성화시켜 카테킨과 잘 결합하도록 도와준다.[79]

　카테킨은 중금속과 결합하여 중금속의 독성을 배출하는 효과도 있다. 차의 해독작용은 카테킨이 주로 담당한다. 동다송 5송에서 말한 술을 깨게 하는 것은 카테킨의 해독작용에 의한 것이라 할 수 있다.

(나) 카페인의 수면 방지 효과[80]

　저녁이 되면 우리 체내에서는 자율신경 중에서 교감신경의 활동이 자연히 약해지며 그 대신 부교감신경의 활동이 활발해진다. 교감신경은 활동의 신경이고 부교감신경은 휴식의 신경이다. 그래서 부교감신경은 밤에 자고 있을 때 최고로 활동하게 된다. 카페인의 흥분작용이란 대뇌피질을 흥분시키고 교감신경을 긴장시키는 일이다. 차도 커피와 마찬가지로 카페인을 함유하지만 카페인 외의 함유 성분에 큰 차이가 있어 그 작용이 크게 다르다. 차의 카페인은 질소 화합물로 질소 시비와 밀접한 관계가 있다. 또한, 발효 과정에서 테아플라빈과 결합하면 산뜻하고 신선한 맛을 낼 수 있다.

　카페인이 들어있는 음료는 취침하기 두 시간 전까지만 마셔야 한다. 섭취한 수분은 두 시간 이내에 소변으로 만들어지기 때문이다. 잠이 든 후에 방광에 수분이 차는 것은 좋은 일이 아니다. 그리고 소면(少眠)을 위해 차를 마실 때는 잠자기 40분쯤 전에 마셔 두어야 하고 잠을 쫓기 위해서는 밤이 깊어갈수록 30분마다 카페인의 함유량이 많은 차를 마시면 된다.

　차가 잠을 쫓는 각성제로써 선(禪)과 결부된 것은 인도에서 중국에 포교하러 온 달마대사 때문이다. 그는 밤낮을 가리지 않고 포교를 해서 좌선을 할 때 자주 졸리곤 했기 때문에 잠을 쫓기 위해 차를 마셨다.

(3) 개황의뇌전이사(開皇醫腦傳異事)

(10송) 개국 황제 수문제(隋文帝)는 두통을 치료한

신이(神異)한 일 전했네.

開皇 醫腦 傳異事.

수문제

수문제의 두통을 고친 신이한 이야기이다. 수문제가 잠을 자던 중 꿈에 귀신이 나타나서 그의 뇌를 바꾸어 버렸다. 그 후로 두통이 시작되었는데 어느 날 꿈에 한 스님이 나타나 '산의 차나무로 치유할 수 있다.'라고 해서 수문제가 달여 마시니 두통이 치료되었다는 이야기로 이때부터 많은 사람이 차를 마시게 되었음을 기록하고 있다.

두통을 고친 성분으로는 각성작용을 하는 카페인과 뇌의 알파파를 증가시켜 주는 테아닌 성분을 들 수 있다. 카페인의 각성작용은 앞에서 다루었으므로 테아닌을 살펴보겠다.

(가) 아미노산(테아닌, theanine)

녹차에는 아미노산의 일종인 테아닌이라는 성분이 있는데 이 테아닌을 사람이 섭취하게 되면 아미노산과 카페인이 결합해서 상승작용을 일으켜서 기억력과 학습능력이 증가되고, 집중력이 증가되는 효과가 있다. 또한 사람의 뇌파 중 알파파의 방출 빈도가 높아진다.

다도진의_

사람의 뇌파는 크게 4가지로 나눈다. 수면 상태엔 델타(δ)파, 졸린 상태인 쎄타(θ)파, 흥분과 불안한 상태에서는 베타(β)파, 안정된 상태에서는 알파(α)파가 나타난다. 차에 들어있는 테아닌을 섭취하게 되면 불안정한 베타파가 안정된 알파파로 바뀌게 되는 것이다.

지구상의 35만여 종의 식물 중에서 차나무와 갈색산 그물버섯 일부에만 들어있는 천연 유리 아미노산인 테아닌은 특히 비발효차인 녹차에 많이 함유되어 있다. 어린 찻잎에 함유량이 많으며 잎의 위치가 아래로 내려갈수록 함량이 낮아진다. 테아닌은 녹차 특유의 아미노산이며 말린 찻잎 중량의 1~2%를 차지한다. 테아닌(theanine)은 차나무의 뿌리에 가장 많은데 뿌리에서 줄기를 타고 이동하여 잎에 저장되며, 저장된 테아닌(theanine)이 햇볕을 받아 분해되면 최종적으로 폴리페놀인 카테킨으로 전환된다.

찻잎에 함유된 25종의 아미노산은 차의 품종, 채엽 시기, 차광, 질소 시비 등의 조건에 따라 함량이 달라진다. 아미노산의 전체 성분 중 테아닌은 58% 정도로 차의 맛을 크게 좌우한다. 테아닌(theanine)은 신선하고 상쾌한 단맛과

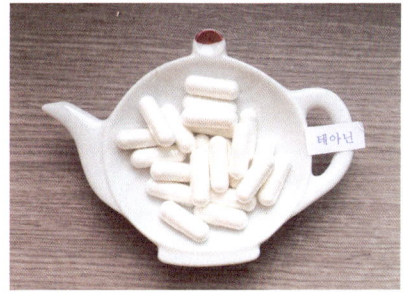
테아닌 추출약

감칠맛을 낸다. 테아닌을 최초로 발견한 사람은 일본 동경 부립 찻잎 연구소의 사카토(酒戸弥二郎) 박사로 1950년에 찻잎에서 글루탐산과 에틸 아마이드를 분리하고 화학 합성을 통해 그 화학 구조를 밝혀내고 테아닌이라 명명했다.

테아닌은 녹차의 감칠맛을 내는 성분으로 차 특유의 맛과 효능을 결정짓는 성분이다. 테아닌은 뇌에서 측정 가능한 진정효과를 가지고 있는 성분이기도 하고 혈액 뇌장벽을 통과할 수도 있으며 뇌에 작용하여 도파민과 세로토닌을

증가시켜서 흥분을 일으키는 자극을 차단하는 신경전달물질을 생성시킨다. 인지 기능 손상으로 인한 치매 예방에도 도움이 된다.

최근 테아닌의 기능에 관한 새로운 연구 결과가 지속해서 발표되고 있는데 그 중에서도 가장 주목받고 있는 것이 바로 '카페인의 기능을 억제하는 길항 작용'이다. 이 작용은 카페인에 대해서만 작용하고 다른 중추신경을 흥분시키는 물질들에 대해서는 작용을 하지 않는 특이성을 가진다.[81] 즉 카페인은 자율신경계의 교감신경을 자극하여 흥분작용을 일으키나 테아닌은 반대로 부교감신경을 자극하여 흥분된 마음을 조용하게 가라앉히는 진정작용을 하는 것이다.

(4) 환동진고 신험속(還童振枯 神驗速)

> (20송) 차는 늙은이를 젊게 하는 신험함이 있어서
> 팔십 노인의 얼굴빛이 붉은 복숭아 같네.
> 還童振枯 神驗速 八耋顔如 天桃紅

차(茶)에는 신이한 효험이 있어 늙은이를 젊게 하고, 마르는 것을 막아준다고 하였다. 호북성 형주의 옥천사 청계산 산골짝엔 종유석 굴이 있는데 그 종유석의 물가에는 푸른 옥과 같은 차나무가 무리지어 자랐다. 옥천사 진공스님이 늘 그 찻잎을 채취하여 마시니 나이가 80여 세인데도 낯빛은 복숭아꽃 같았다. 차의 향기가 맑고 맛이 부드러워서 능히 어린아이로 돌아가게 하고 시들어 마른 것을 떨치게 하여 사람을 장수하게 한다고 했다.

위 글의 옥천사 진공 스님은 이백의 조카 중부(中孚)이다. 중부가 이백에게

다도진의_

요도홍(夭桃紅)

선인장차와 함께 시(詩)를 주면서 화답시를 원했는데 그 화답한 시(詩)가 「답족질중부증옥천선인장차(答族侄中孚贈玉泉仙人掌茶)」이다. 여기서 선인장차란 포개놓은 차의 모양이 넓적한 신선(神仙)의 손바닥 같은 모양의 차라는 뜻이다.

이 장에서는 카테킨의 황산화와 비타민을 살펴보려고 한다.

(가) 카테킨의 항산화 작용

노화는 세포의 산화이며 그 산화를 진행하는 범인은 활성산소로 불리는 것으로 나이가 들면 활성산소를 억누르는 힘이 약해지게 된다. 녹차에 함유된 카테킨과 비타민A, 비타민C, 비타민E는 항산화 작용을 한다. 특히 카테킨의 종류 중 EGCG(Epigallocatechindigallate)라고 하는 에스트형의 카테킨은 활성산소를 방지하는 강력한 항산화력을 갖고 있다.

최근 차에 관한 과학적인 연구가 이루어지면서 가장 주목받고 있는 것이 폴리페놀의 카테킨이다. 폴리페놀 (polyphenol)은 쓰고 떫은맛을 내는 성분으로 페놀 화합물 중에서 수산기(水酸基), —OH를 2개 이상 가진 것을 말하며 다가페놀이라고도 한다. 폴리페놀은 차의 맛과 향기 및 색에 깊이 관여하는

카테킨 추출약

중요한 성분으로 녹차의 가용성분 중 가장 함유량이 많다. 찻잎 내 폴리페놀의 전체 함량 중 카테킨류가 약 70% 이상을 차지하고 있다.

카테킨 성분은 광합성에 의해 형성되므로 찻잎 따는 시기가 늦어질수록 카테킨량이 많아진다. 90℃ 이상의 고온에서 잘 용출되며 살균작용, 해독작용, 지혈작용, 소염작용을 한다.

카테킨류에서 함량을 많이 차지하고 있는 것은 C(catechin), EC(epicatechin), GC(gallocatechin), EGC(epigallo-catechin), ECG(epicatechin gallate), EGCG(epigallocatechin gallate)이다. 이 중 C, EC, GC, EGC의 온화한 쓴맛은 유리형(遊離形) 카테킨, 간단 카테킨(simple catechins)이라 하고, ECG와 EGCG의 쓰고 떫은맛은 에스터형(ester type) 카테킨, 복잡 카테킨(complex catechins)이라 한다.

카테킨은 분자구조 중에 페놀성 수산기(水酸基, —OH)를 많이 가지고 있다. 이 수산기는 여러 가지 물질과 쉽게 결합하는 결합성과 강한 환원성을 가지고 있어 해독작용과 항산화 작용을 한다. 특히 에스터형 카테킨이 탁월하여 이 성분이 많을수록 건강에 유익하다. 페놀성 —OH 수산기가 8개나 존재하는 EGCG는 체내 세포 중의 지질이 산소와 결합하고 산화되어 과산화 지질이 되기 전에 폴리페놀성 —OH 수산기와 결합해서 과산화 지질 생성을 억제하게

된다. 그리고 폴리페놀 성분에 비타민 C를 첨가할 경우 항산화력은 더욱 높아져서 팔십 노인의 얼굴이 복숭아처럼 붉고 젊어져서 장수하게 한다.

   (나) 비타민 C[82]

비타민 C는 생체 내에서 과산화 지질의 생성을 억제하고 혈관 속의 콜레스테롤 수치를 낮추어 준다. 그리고 간 해독작용을 하는 성분인 치토크롬(cytoshrome)을 합성하며 암을 일으키는 물질인 니트로사민(nitrosamine)의 생성을 막는다. 따라서 비타민 C는 괴혈병, 영양실조, 암과 뇌졸중, 심장질환의 위험을 줄일 수 있다. 비타민 C는 폴리페놀과 카페인 등의 물질과 협동작용으로 인체에 유익한 작용을 한다.

차를 마실 때 차 속의 폴리페놀이 비타민 C의 흡수를 도와줄 뿐만 아니라 비타민 C를 체내에 오랜 시간 머물게 하여 인체에 유익하게 작용하도록 한다. 비타민E는 다른 과실류에 비해 차에 월등히 많이 함유되어 있으며 특히 항산화 효과가 큰 알파─토코페롤(α-tocopherol)이 대부분을 차지하고 있다. 비타민 E와 비타민 C는 피부에 탄력을 주고 노화를 늦추는 효능이 탁월하다. 지용성 비타민은 물에 녹지 않기 때문에 차를 우려 마셨을 때는 섭취할 수 없으며 가루 형태로 마실 때만 섭취 가능한 물질이다.

(5) 일경옥화풍생액(一傾玉花 風生腋)

    (30송) 한 잔의 옥화차를 마시니 거드랑이에서 바람이 일고

       몸은 이미 가벼워지고 신선이 되어 상청경(上淸境)에 오른다네.

      一傾玉花 風生腋 身輕已涉 上淸境

(가) 도인의 신선 사상

본 장은 도교의 신선 사상으로 형이상학적인 부분의 이상형에 해당한다고
할 수 있는 것이다. 겨드랑이에 맑은 바람이 난다는 것은 정신적인 세계로 들
어가는 것이라고 할 수 있다. 도가에서 도인의 경지는 세 개의 청경(淸境)이 있
는데 그 중의 하나가 상청경(上淸境)이고 나머지는 옥청경(玉淸境)과 태청경(太淸
境)이다.

상청경에 오른다는 것은 차를 마시면 신선이 된다는 의미이다. 차를 마시
면 몸을 가볍게 하여 비만을 예방하고 카페인과 비타민으로 부신피질호르몬
과 아드레날린의 생성을 촉진하여 항 스트레스 효과도 얻을 수 있다.

(나) 스트레스에 대한 뇌 보호 효과

아래는 차 품종별 스트레스에 대한 뇌 보호 효과에 대해 농촌진흥청과 전남
대학교가 공동 연구한 결과이다.

다도진의_

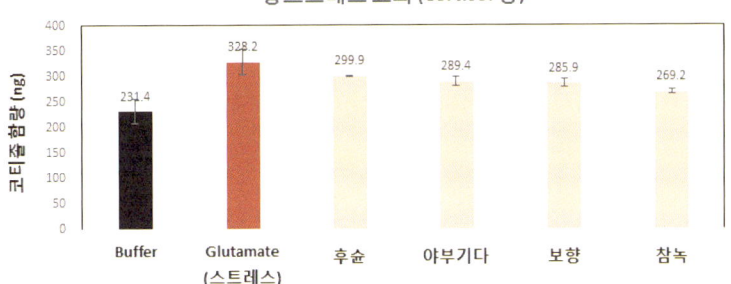

항스트레스 효과 (Cortisol 량)

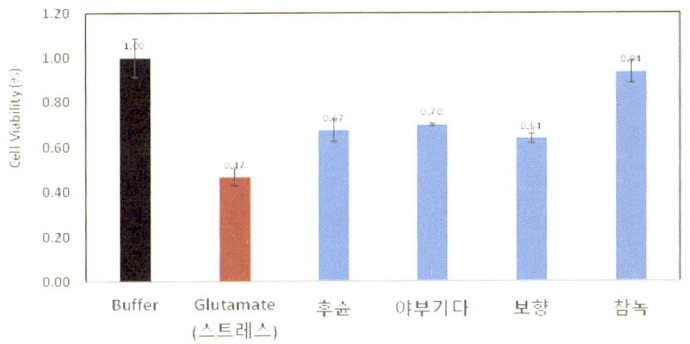

뇌신경세포 보호효과 (SH-SY5Y)

차 품종 간 스트레스에 대한 뇌 보호 효과

　일반적으로 스트레스라고 하는 것은 육체적 정신적 부담을 느끼는 상태를 말하는데 차을 마심으로써 스트레스를 해소 시킬 수 있다. 차에 들어있는 카페인에 의한 대뇌자극으로 머리가 맑아지고 기분이 좋아지며 스트레스가 해소되어 정신적인 안정에도 도움이 된다. 그러므로 옥화차 한잔을 마시면 겨드랑이에 바람이 일고 날개가 돋아 신선이 된다고 한 것이다. 이는 소식(蘇軾)의 적벽부(赤壁賦) 중 '우화는 신선이 되어 날개가 돋쳐 하늘을 오르는 것 같다[羽化而登仙].'는 구절에서도 보인다. 신선이 차를 좋아했다는 기록은 도홍경(陶弘景)의 '고차(苦茶)를 마시면 몸이 가벼워지고 골이 바뀌며 환골(換骨)된다.'는 기록에도 나온다. 잡록(雜錄)의 단구자와 황산군 같은 경우에도 옛 차를 마셨다고 적고 있다.

『천태산기(天台山記)』에도 차를 오랫동안 마시면 날개가 돋아나며 몸이 가
벼워져 날아갈 수 있다고 했으며 오대십국(五代十國) 모문석(毛文錫)의 차보(茶
譜, 935년경)에도 촉 지방 아주(雅州) 몽산(蒙山)의 5개 정수리 중 중간 정수리,
상청봉(上淸峰)의 다원(茶園)에서 생산되는 차를 춘분(春分)의 전후 우레(천둥)
소리가 날 때 찻잎을 따서 한 냥의 차를 그곳의 물로 달여 마시면 오래된 병이
낫고, 두 냥을 마시면 그 자리에서 병이 치유되며, 세 냥을 마시면 골이 바뀌
며(換骨), 네 냥을 마시면 곧장 땅위의 신선(神仙)이 된다[83]고 했다.

환골은 영초(靈草)인 차를 마심으로써 인간의 속골(俗骨)이 선골(仙骨)로 바
뀌어 신선이 된다는 뜻이다.

식기(食器), 잡록(雜錄) 그리고 다보(茶譜)에는 모두 차를 마시면 속세와는 다
른 선경(仙境)에서 불로장생하는 신선처럼 된다고 적고 있다. 교연(皎然)의 『음
차가송정용(飮茶歌送鄭容)』의 주(註)에 인용한 천태기(天台記)에 단구(丹丘)에는
'큰 차나무가 나는데 찻잎을 복용하면 신선이 된다.'라고 기술하고 있다. 이는
모두 정신적인 효능과 연결된다.

이상으로 동다송에 나타난 차의 약리적 성분과 효능에 관한 내용을 모두 살
펴보았다. 우리 조상들은 차의 성분과 효능에 대해 과학적으로는 증명하지 않
았지만 오랜 경험을 통하여 차의 약리성에 대해 충분히 인식하고 있었다.

『동다송』에서 언급한 차의 효능과 성분을 오늘날의 과학적 연구 결과로 밝
혀 보는 것은 차의 역사를 현대적 의미로 새롭게 짚어 보는 의미 있는 일이라
고 할 수 있다. 또한 이러한 분석을 통해 차의 성분과 효능을 충분히 숙지하
고, 건강을 지킴으로써 선인들의 지혜를 엿볼 수 있는 것이다.

다도진의_

6) 현대 과학이 밝혀낸 차(茶)의 성분

(1) 차의 성분과 효능[84]

차는 수천 년의 긴 역사를 가진 기호 음료이자 건강음료이다. 차의 풍미가 뛰어나고 색깔이 아름답고 건강을 증진하는 것은 그런 것에 이바지하는 성분이 모두 차에 들어있기 때문이다. 세계 각국에서 생산되는 차의 풍미가 제각기 조금씩 차이가 나는 것은 차나무의 품종이나 산지, 기후, 제법의 차이 등에 기인하는 것이지만 엄밀하게 말하면 그로 인해 차의 구성 성분의 함량이 조금씩 달라지기 때문이다. 어떤 성분은 색에 이바지하고 어떤 성분은 풍미에 이바지한다. 그리고 효능에 이바지하는 성분이 따로 있는가 하면 어떤 성분(카테킨)의 경우에는 맛과 색, 효능에 모두 관여한다.

차의 생엽의 대부분은 수분(75~80%)이 차지하고 있다. 고형분 중에서 가용성(수용성) 성분과 불용성 성분이 있는데 가용성 성분은 50% 미만이다. 가용성 성분이란 물에 녹는 물질로서 우리에게 맛을 주는 차의 카테킨, 아미노산, 카페인, 비타민 B1, B2, 비타민 C, 사포닌, 수용성 식이섬유, 칼륨, 인, 불소, 아연, 망간 등을 말한다. 불용성 성분은 60~65%인데 β-카로틴, 비타민 E, 단백질, 지질, 불용성 식이섬유, 엽록소 등이 있다.

차에 함유된 많은 화학 성분을 식품의 성분에 따라서 크게 기능성, 기호성, 영양성 등 세 가지로 나누어 살펴보면 다음과 같다.

1) 기능성 : 차의 기능성이란 차의 기능 성분을 의미한다. 이들 성분은 질병의 예방과 치료, 그리고 면역력의 증진에 일정한 도움을 주는 성분들을 말한다.

2) 기호성 : 차의 기호성이란 색(色), 향(香), 미의 특성을 나타내는 물질들을 의미하는데 이 중 수용성 색소와 불용성 색소는 차의 수색과 색택을 나타내고 휘발성 방향 물질은 향기의 농도를 나타내며 맛을 내는 성분은 맛의 신선도와 두툼함을 결정한다.

3) 영양성 : 차의 영양성이란 차의 성분 중 인체에 일정한 영양을 주는 물질로 단백질, 지방산, 당질, 비타민 및 각종 미네랄 등이 이에 속한다.

최근에 동물 실험을 통한 기능성의 역학조사인 시험관(in vitro) 실험을 통하여 차의 생리 활성 효능이 구체적으로 밝혀지고 있다. 아래 두 표는 각각 차의 기능성에 따른 화학성분과 차의 성분별 효능을 정리한 것이다.

차의 기능성에 따른 화학 성분 분류[85]

기능	성분
1차 기능성	폴리페놀(카테킨, 플라보놀), 카페인, 다당류, 비타민(비타민 C, 비타민 E, 비타민 A), 사포닌, 미량 필수원소(아연, 망간, 셀레늄), 불소, GABA(Υ−Aminobutylic acid)
2차 기호성	맛: 테아닌 등 유리 아미노산류(감칠맛), 카테킨류(떫은맛), 카페인(쓴맛), 다당류(단맛). 점도: 수용성 펙틴. 향기: 테르펜류, 알코올류, 카보닐 등의 정유 성분. 색: 엽록소, 플라보놀류, 테아플라빈, 테아루비긴
3차 영양성	비타민류: β−카로틴, 비타민 B군, 비타민 C, 비타민 E, 비타민 P 등 무기질류: 칼륨, 인, 마그네슘, 아연, 망간 등

다도진의

성분	함량	생리작용
카테킨	10~18%	항산화, 살균작용, 해독작용, 지혈작용, 소염, 항암, 항돌연변이, 항균, 혈중콜레스테롤 저하, 혈압상승억제제, 항바이러스, 항궤양, 항알레르기
플라보놀	0.6~0.7%	모세 혈관 벽 강화, 항산화, 혈압 강하, 냄새 제거 작용
카페인	2~4%	중추신경 흥분, 수면방지, 각성, 강심, 이뇨, 항천식, 대사항진
다당류	0.6%	혈당 상승 억제(항당뇨)
비타민 C	150~250 mg %	항 괴혈병, 항산화성, 항암성
비타민 E	25~70 mg %	항산화, 항암성, 항불임
β-카로틴	13~29 mg %	항산화, 항암성, 면역력 증강
GABA	100 200 mg %	혈압상승억제
사포닌	0.1 0.2%	혈압 강하, 항암, 항염증, 항균, 거담
불소	90 350ppm	충치 예방
아연	35 75ppm	미각 이상 방지, 피부염 방지, 면역력 저하 억제
셀레늄	1.0 1.8 ppm	항산화성, 암 예방, 심근 장애 방지
카테 플러스	카테킨(catechins) + 다당체(polysaccharides) + 플라보놀(flavonol)	항 미세 먼지 효과 기관지 흡착 감소 호흡기 건강 기여 효과

7)『동다송』에서 해석상의 이견이 되는 부분

(1) 일지암 유천의 수벽 백수탕(秀碧 百壽湯)

(21송) 나에게 유천이 있는데 수벽 백수탕을 끓여

목멱산 앞 해옹에게 어이 갖다 드릴거나.

我有乳泉挹成秀碧百壽湯 何以持歸木覓山前獻海翁

수벽탕(秀碧湯)

수벽 백수탕은 동다송 21송에 나오는 구절이다. 초의선사는 『동다송』과 함께 해거도인에게 보낸 편지에서 '빽빽하게 우거진 소나무 아래, 밝은 달이 비칠 때면 수벽탕(秀碧湯)을 끓이다가 백수탕(白壽湯)이 되면 그것을 가져다 도인께 드리고 싶은 생각이 나지 않은 때가 없습니다. 생각해 보면 밝은 달과 더불어 당신을 모시는 자리는 승(勝)의 경지일 것입니다.'라고 말하고 있다.

승(勝)의 경지는 차를 마시며 느끼는 최고의 경지이다. 승의 경지를 느끼려면 돌 탕관에 송풍회우(松風檜雨)가 지나, 뜸이 잘 든 경숙(經熟) 된 탕으로 차를 우려야 다신(茶神)을 얻을 수 있다. 그런데 이 백수탕을 해거도인에 전하고 싶다는 것은 일반적인 해석의 논리로는 맞지 않는 부분이다. 해거도인을 높이 받들어 모시고 싶은 마음이 간절한 초의선사가 왜 백수탕 같은 실패작을 가져가서 해거도인께 올리고 싶다고 했는지가 의문이자 해석상의 난제(難題)인 것이다.

수벽탕과 백수탕은 소이(蘇廙)의 『십육탕품(十六湯品)』에서 인용한 글이다. 소이가 말한 수벽탕은 돌을 쪼아 만든 탕관으로 다섯 등품의 찻그릇 중 두 번째이고, 백수탕은 지나치게 오래 끓인 물로서 삼품의 물 끓임 중에서 가장 나쁜 늙어버린 탕이다.

돌로 만든 수벽탕은 찻물의 뜸들임에도 좋고 돌의 빼어난 기운을 담은 것으로 존경하는 분께 드리는 그릇으로 충분히 합당하다. 그러나 백수탕의 경우는 삼품의 물 끓임 중에서 제일 좋지 않은 탕이기 때문에 초의선사가 존경하는

다도진의

해거도인에게 드리고 싶다는 백수탕의 진정한 의미가 무엇인지를 명확하게 규명해 볼 필요가 있다.

21송에 유천(乳泉)은 일지암 뒤쪽에 지금까지도 흐르고 있다. 2020년 6월, TDS기 측정결과 28ppm으로 찻물로 좋은 산수이며, 추사 김정희(金正喜)의 부친인 유당 김노경(金魯敬)도 물맛을 보고 소락(酥酪)보다 낫다고 칭찬했던 물이다. 그런데

일지암 유천

시·서·화·차에 모두 능하며 고전에도 밝은 초의선사가 소이의 십육탕품을 이해하지 못하고 백수탕이라는 단어를 인용했다고는 생각되지 않는다.

앞서의 연구들은 소이의 십육탕품에서 소이가 끓인 탕과 초의선사가 끓인 탕은 서로 다른 종류의 차이고 십육탕품은 시대별 음다법의 차이에서 오는 물 끓이기를 들어 백수탕을 해석하고 있다. 내용은 다음과 같다. 「초의가 언급한 백수탕은 소이의 옥차법에서는 좋지 않은 탕이지만, 산차를 우려 마시는 포차법에서는 가장 적합한 탕이 되는 것이다.」[87]

하지만 필자의 생각은 다르다. 『다신전』의 「탕용노눈」에서 채군모는 어린 탕을 쓰고 오래 끓인 노숙된 탕은 쓰지 말라고 했다. 물론 이때의 탕은 용단차를 가루로 만든 가루차의 탕이라고 하더라도, 다신전을 등초한 초의선사가 이런 부분을 간과하지는 않았을 것이다.

『다신전』의 원전인 명나라 장원의 『다록』과 청나라 모환문의 『만보전서』의 시대에도 잎차가 성행하였다. 하지만 다신전 7장 탕용노눈과 12장 색에는 옛사람들의 가루차에 대한 부분도 있지만 『다신전』은 대부분 잎차를 근거로 해서 적은 책이다. 그리고 초의선사는 장원의 『다록』 탕변(湯辨)에서의 물 끓임인 순숙, 순숙, 순숙으로 되어 있는 것을 『다신전』 탕변에서는 순숙, 결숙, 경숙된 뜸이 잘 든 탕을 쓰라고 했을 정도로 그 당시 찻물에 대해 깊이 연구하였을 것이다.

그러므로 사람이 백 살을 넘은 것처럼 끓이고 또 끓여서 쫄아진 늙은 백수탕이 합당하다고 할 수 없는 것이다. 잎차에도 경숙(經熟) 된 뜸이 잘 든 탕을 사용해야 한다. 이 부분에 있어 해석상의 관점을 조금만 새롭게 해 보자. 찻물을 끓이다가 보면 물은 잘 끓일 수도 있고, 잘못 끓일 수도 있어서 어떤 때는 뜸이 잘 든 수벽탕이 되고, 어떤 때는 실패작인 백수탕이 되기도 한다.

그러므로 잘 끓인 탕인 수벽탕을 해거도인께 바쳐서 승(勝)의 경지에 들게 하고 싶은 마음은 간절하지만 길이 멀어서 갈수가 없으니 탕이 쫄아서 백수탕이 되어 버리기도 한다고 하는 것이 합당할 것이다.

우리가 고전을 연구할 때 동일한 단어에 대하여 무조건 원문과 동일한 해석을 할 필요는 없다고 생각한다. 단어의 상하 관계와 사회적 변화에 맞추어 조심스러운 재해석도 필요하며, 또한 이렇게 분석하는 자세가 옛날 고전을 오늘날에도 살아 숨 쉬게 하는 올바른 자세가 아닐까 생각한다.

다도진의

(2) 호화봉억추수문(胡靴犎臆皺水紋)

(26송) 신선 같은 모습과 옥 같은 기골은 스스로 종자본부터가 다르니,

녹색의 잎과 자주색의 싹은 바위를 뚫었네.

仙風玉骨自另種 綠芽紫筍穿雲根

차나무는 산성토양인 바위나 돌, 자갈이 많은 산골짜기에서 잘 자란다. 녹색싹과 자주색순은 차씨가 떨어져 유성 번식한 것으로 변이가 생긴 것은 야생차밭에서 볼 수 있다. 화개동 일대의 차밭은 모두 골짜기와 자갈이 많고, 섬진강으로 인해서 안개와 구름이 화개동 차밭의 바위의 뿌리를 뚫었기에 품질이 매우 좋은 차가 생산된다.

(26송) 호인의 가죽신과 들소 가슴팍처럼

잔잔한 물길무늬 주름이라네.

胡靴犎臆皺水紋

동다송 26송에 나오는 구절이다. 이 장에서는 선풍옥골자령종(仙風玉骨 自另種)과 녹아자순천운근(綠芽紫筍穿雲根) 그리고 호화봉억추수문 (胡靴犎臆皺水紋)의 순서로 전개되고 있다 여기서 세 번째 '호화봉억추수문'에 대한 여러 해석이 난제(難題)이다.

기존의 많은 해설자들은 이 부분을 찻잎의 형태로 해석하고 있다. 그러나 이 부분은 영양이 부족하여 주름진 찻잎의 모양이 아니라 완성된 떡차의 표면으로 해석되어져야 한다. 기존의 선행연구자들은 『다경』에 나오는 「일지원(一

之原)」의 찻잎에 대한 묘사와 병차의 표면에 대한 묘사를 구분 없이 해석하고 있지만 이는 당연히 구분하여 설명되어져야 한다. 그래서 필자는 이 부분을 세밀히 분석하고 더불어 다경에 나오는 병차의 8가지 형태에 대해서도 정리하였다.

동다송 26송을 순서대로 해석하여 정리해 보면 다음과 같다. 첫째, 선풍옥골자령종(仙風玉骨自另種)은 신선같은 모습과 옥 같은 기골이 스스로 근본부터 다르네. 둘째, 녹아자순천운근(綠芽紫筍穿雲根)은 녹색의 잎과 자줏빛 싹은 바위를 뚫었네. 여기까지는 차의 종자와 차의 잎과 순(筍)을 묘사하지만 셋째, 호화봉억추수문(胡靴犎臆皺水紋)은 오랑캐의 가죽신과 들소의 가슴처럼 주름진 물결같이 생겼다네.라고 하는 것은 떡차(병차)의 표면을 묘사한 것으로 초의선사는 위의 순서대로 전개하지 않았을까 하는 것이 필자의 생각이다.

앞 구절의 녹아(綠芽)와 자순(紫筍)은 어리고 좋은 찻잎의 순과 싹을 묘사한 것인데 다시 호인의 신발같이 쭈글쭈글한 영양이 부족한 찻잎을 이야기하지는 않았을 것이다. 그렇기에 초의선사도 호화봉억추수문(胡靴犎臆皺水紋)은 찻잎을 이야기하는 것이 아니라 완성된 떡차(병차)의 표면을 의미하는 것이라고 할 수 있다. 그 증거로 육우『다경』삼지조를 참고할 수 있다. 여덟 가지 각 항목을 열거하면서 병차 표면을 좋은 것과 좋지 않은 것 두 가지로 기술하고 있다.『다경』의 원문을 보면 육우도 '호화봉억추수문'의 의미는 병차의 표면임을 분명히 밝히고 있다.

다경「삼지조」에 기술된 완성된 병차의 8가지 형태를 살펴보면 다음과 같다.

다도진의_

– 완성된 병차의 형태[88]

① 어떤 병차는 호인(胡人), 오랑캐의 가죽 신발 접힌 부분의 잔주름과 같이 쭈글쭈글하게 생긴 형태의 것이 있다. 호화상(胡靴狀).

② 어떤 병차는 들소의 가슴팍처럼 앞치마에 주름이 잡힌 형태의 것 같은 것도 있다. 봉우억상(犎牛臆狀).

③ 어떤 병차는 산 너머에 뜬구름이 겹겹이 쌓여 있는 듯한 형태의 것도 있다. 부운출산상(浮雲出山狀).

④ 어떤 병차는 물결 위를 스치는 가벼운 바람이 잔물결이 치는 형태의 것도 있다. 경표불수상(輕飆拂水狀).

⑤ 어떤 병차는 도공이 흙을 체질해서 물속에서 가라앉힌 것처럼 광택이 나고 매끈한 형태의 것도 있다. 징니상(澄泥狀).

⑥ 어떤 병차는 폭우가 내려 새로 개간한 땅 위에 그 자리가 빗물 패인 자국과 같은 형태의 것도 있다. 우폭우류료지소경상(遇暴雨流潦之所經狀).

위의 6가지는 모두 품질이 좋은 병차들이다.

떡차의 표면

⑦ 어떤 찻잎은 대나무 껍질과 같은 것도 있는데 가지와 줄기가 단단하여 찌고 찧는 것이 어려우며 이런 찻잎으로 만든 병차의 모양은 대나무로 만든 체와 같다. 죽탁상(竹籜狀).

⑧ 어떤 찻잎은 서리 맞은 연잎과 같은 것도 있는데, 줄기와 잎이 시들시들하고 파리하며 모양조차 변한 이런 찻잎으로 만든 병차의 모양은 초췌하고 볼품이 없다. 상하상(霜荷狀).

육우는 병차의 품질을 시각적인 면에서 형태와 색택(色澤), 빛깔, 색상, 광택을 기준으로 감별하였다. 병차는 7단계의 체제(採製) 과정을 거쳐 완성하였기에 형태가 다양하다. 육우는 완성된 병차 표면의 외형에 따라 대략 8가지로 분류하였는데 호화상(胡靴狀)에서 빗물 패인 자국과 같은 형태까지 6가지 병차는 좋은 상품의 차에 속하며 죽탁상(掌籜狀)과 상하상(霜荷狀) 2가지의 병차는 하품의 차에 속한다고 했다. 그러므로 '호화봉억추수문(胡靴琫臆皺水紋)'은 찻잎이 아니라 완성된 병차의 표면인 것이다.

8)『동다송』에 나타난 우리 차의 우수성

『동다송』에는 우리나라의 차를 예찬한 대목이 여러 군데 나온다. 우리나라 차는 육안차(陸安茶)의 맛이나 몽산차(蒙山茶)의 약효, 두 가지 모두를 겸비하였으며 그 우수성을 정리하면 다음과 같다.

첫째, 동다(東茶)는 그 근본이 중국에서 들여온 것이라서 색, 향, 미가 중국차와 다르지 않다. '육안차의 맛이나 몽산차의 약효를 겸비한 것이 우리나라 차이다.' 이 구절은 동다송에서 아주 중요한 의미가 있다. 우리나라 차를 중국 차와 비교해서 색깔과 향기와 맛이 조금도 중국차보다 손색이 없음을 강조한 초의선사의 의견이자 우리 차에 대한 자부심과 주체성을 심어준 부분이기 때문이다.

둘째, 차는 물의 신(神)이요 물은 차의 체(體)인데 진수(眞水)가 아니면 그 신(神)이 나타나지 않고 진다(眞茶)가 아니면 그 체(體)를 엿볼 수 없다고 하였는데, 초의선사가 사는 일지암엔 유천이 흐르고 손수 차를 만드셨으니 체와 신을 함께 얻어 건(健)과 영(靈)을 갖췄다고 할 수 있다.

셋째, 지리산(智異山) 화개동엔 우리나라 최고의 차밭이 있는데 차나무가 사오십리나 빽빽히 자라 우리나라 차 밭으로는 이보다 더 넓은 곳이 없다고 했다.

화개동 차밭은 바로 근처에 섬진강이 흐르고 화개천과 섬진강에서 생기는 아침 안개가 차의 품질을 더욱 높여주며 골짜기와 절벽, 바위틈 난석의 요건을 모두 갖추었다. 또한 「연평균 기온이 15.9℃, 연 강수량은 1,358mm, 재배

화개동 차밭

면적은 1,048ha, 생산량은 446미터톤(M/T), 경사도는 10~40°, 토양의 성질은 양토」⁸⁹로 차가 잘 자랄 수 있는 최적의 조건을 모두 겸하여 갖추었다. 명산에서 명차가 난다고 했듯이 지리산은 신령스러운 산이고 야생차가 명산에 의지하였으니 명차임이 분명한 것이다.

이상에서 밝힌 바대로 초의선사는 우리나라의 차가 자라는 환경과 유천의 수품(水品), 제다에 따른 동다(東茶)의 품질, 동다의 산지 등의 우수성과 채다 시기까지 명확한 견해를 밝혔다. 그리고 초의선사의 제자인 범해 각안은 「차가(茶歌)」에서 동다의 품격을 지역별로 나누어 말하고 있다. 보림사의 작설차(雀舌茶)는 관청에 들어갔고 화개동의 진품(眞品)은 궁궐에 바쳤으며 함평 무안의 토산차(土産茶)는 남방에서 기이하고 강진 해남에서 만든 차는 중국 북경(北京)에까지 알려졌다고 하였다.

4절

『동다송』에 나타난 초의선사의 다도관

1. 초의선사의 다도관

초의선사는 『동다송』에서 중정(中正)으로 다도관을 설파했다.

> (29송) 평해서 말하기를 차를 따는 것은 그 현묘(玄妙)함을 다해야
> 하고, 만듦에는 그 정성(精誠)을 다해야 하며, 물은 참된 진
> 수(眞水)를 얻어야 하고, 차를 우림에는 중정(中正)을 지켜야
> 한다. 그래야만 체(體)와 신(神)이 서로 어우러지고, 건(健)과
> 영(靈)이 서로 나란하니 여기에 이르면 다도(茶道)를 다 했다
> 고 할 수 있다.
> 評曰 "採盡其妙 造盡其精 水得其眞 泡得其中 體與神相和
> 健與靈相倂 至此而茶道盡矣

제3장_ 『동다송』의 내용과 특징

157

초의선사의 다도관은 동다송 29송 평왈(評曰)을 통해서 알 수 있다. 동다송의 대의(大意)를 요약해 보면 다음 네 가지로 강조해 볼 수 있다. 첫째, 차를 오래 마시면 힘이 생기고 마음이 즐거워 져서 건강하고 장수한다. 둘째, 차는 천인(天人)이나 신선(神仙)이나 땅속의 귀신이나 사람이 모두 다 함께 아끼고 사랑한다. 셋째, 우리나라 차는 중국의 차와 비교해 약효나 맛이 뒤지지 않는다. 넷째, 차에는 현묘(玄妙)함과 지극(至極)한 경지가 있어 다도(茶道)라고 한다.

초의선사는 다도(茶道)란, 체(體)·신(神)·건(健)·영(靈)을 함께 얻는 것이라고 했다.

29송은 초의선사가 차 생활의 요점을 총정리해서 만든 문구로서 대단히 중요한 구절이며, 다신전의 여러 내용을 인용하고 요약을 하여서 초의선사 자신의 다도관을 명확하게 표현한 부분이다. 초의선사의 다도관을 구체적으로 정리하면 다음과 같다.

1) 채진기묘(採盡其妙)

'차를 딸 때는 현묘(玄妙)함을 다 해야 한다.' 이 부분은 다신전의 채다론(採茶論)의 내용을 요약한 것으로 차나무에서 찻잎을 따는 것은 그 시기가 매우 중요하고 현묘하다는 것이다.

찻잎은 세포 분열을 한다. 찻잎의 싹이 한 잎일 때와 다섯 잎일 때는 성분의 차이가 난다. 처음 올라온 싹은 영양분이 싹에 다 모여 있지만 여러 개의 찻잎일 때는 영양분이 여러 잎과 줄기로 모두 흩어져 버리기 때문이다. 그래서 영양분이 싹에 모여 있을 때를 잘 맞추어 따야 한다.

일 년 중 채취 시기는 그해 날씨에 따라 결정하지만 일반적으로 곡우(穀雨) 전후가 가장 알맞으며 입하(立夏)까지도 적기이다. 그리고 하루 중에서는 밤새 구름 한 점 없이 맑은 이슬이 흠뻑 내린 새벽에 따는 것이 좋다. 비 온 후나 구름이 끼었을 때는 따지 않는다. 그리고 계곡이나 암석 사이와 같은 산성 토양에서 자란 찻잎이 좋다. 찻잎은 일창일기(一搶一旗) 또는 일창이기(一搶 二旗)의 연푸른빛이 나는 것이 좋다.

채진기묘(採盡其妙)

2) 조진기정(造盡其精)

'차를 만들 때는 그 정성을 다해야 한다.' 이 부분은 다신전의 2장 조다(造茶) 와 3장 변다(辨茶)를 요약한 것이다. 묘(妙)함을 다하여 채취한 찻잎으로 차를 만드는데 있어서는 정밀함을 다해야 한다. 처음 덖는 가마솥 온도는 차의 맛과 향과 색을 결정한다. 가마솥의 불 조절과 덖는 기술과 정성이 잘 어우러져 야만 정차(精茶)가 된다. 두꺼운 가마솥 과(鍋)에 1kg의 찻잎을 넣은 후 온도가 매우 뜨거워졌을 때 재빨리 찻잎을 넣어 덖어야 하는데 이때 불의 온도를 낮추면 안 된다. 찻잎이 충분히 덖여지면 솥 온도를 낮추고 가볍게 여러 번 유념 해서 다시 가마솥에 넣고 불의 온도를 점점 낮추면서 적당히 건조시킨다.

양질의 찻잎과 고르고 순수한 불과 만드는 사람의 정성스러운 마음이 합쳐 져서 진차(眞茶)가 나오는 것이다.

3) 수득기진(水得其眞)

'물은 참된 것을 얻어야 한다.' 이 부분은 『다신전』 품천(品泉)의 '비진수막 현기신 (非眞水莫顯其神)'을 요약한 것이다. 진수(眞水)가 아니면 그 신(神)을 드

수득기진(水得其眞)

다도진의

러낼 수 없고, 진차(眞茶)가 아니면 물의 신령함을 엿볼 수 없다. 차는 물의 색, 향, 미를 담고, 물은 차의 신령스러운 다신을 담는 몸[體]이다.

물의 근본(根本)은 무색, 무미한 것인데 이 근본(根本)을 구하지 않으면 상하거나 오염되기가 쉽다. 흐르지 않고 고여 있는 물은 곤충이나 벌레가 물속에 독을 풀어 놓을 수 있으므로 사수(死水)이다. 이런 물은 물길을 내어 나쁜 것은 흘려보내고 새로운 물이 완만하게 흐르게 한 후 사용한다. 우물물은 사람들이 많이 길어가는 물을 사용해야 한다. 인가와 가까이 있는 강물은 좋지 않은 무기물들이 강물로 모이기 때문에 쓰지 않는 것이 좋다.

물은 바로 그 근원지에서 솟아나는 물이 좋고 산수(山水)로는 돌 틈에서 완만히 흐르는 물이 좋고, 또 맑고, 달고, 부드럽고, 가볍고, 시원하고, 냄새가 없고 항상 마르지 않는 물이 좋다.

4) 포득기중(泡得其中)

'차를 우릴 때는 중정을 지켜야만 한다.' 이 부분은 포법(泡法)의 불가과중실정(不可過中失正)에서 요약한 것이다. 경숙된 탕을 호(壺)에 조금 부어 냉기를 없앤 후 예열한 물을 따르고 차를 넣는데 차의 양에 맞게 물을 부어야 중정을 잃지 않는다. 그 요체는 세 가지가 있다.

첫째는 차와 물의 양이다. 차가 많으면 맛이 쓰고 차 탕의 수색이 진하고 향기가 침체되며 반대로 물이 많으면 수색은 맑지만 맛이 온전하지 못하다.

둘째는 다관에서 차를 우리는 시간이다. 너무 빠르면 맛이 미숙하고 향기도 약하며 빛깔이 엷고 좋지 않다. 반대로 오래 우리면 빛깔이 탁하고 맛도 쓰

포득기중(泡得其中)

고 떫으며 향기도 지나치게 된다. 중정으로 우려야 한다. 다관이 너무 뜨거우면 다신이 건전하지 못하고 차호(茶壺)가 깨끗하면 수성(水性)이 신령(神靈)스럽다.

셋째는 찻잔에 나누어 따를 때는 편안한 자세와 마음의 여유를 가지고 자연스럽게 해야 한다. 이처럼 적당한 양의 차를 넣어 알맞게 우려서 적당한 시간에 편안한 마음으로 자연스럽게 따라서 마시는 것을 중정법(中正法)이라고 한다.[90]

5) 체여신상화(體與神相和)

'체(體)와 신(神)이 서로 어우러지고' 이 부분은 조화를 강조하는 말이다. 다신전 품천(品泉)의 다자수지신(茶者水之神) 수자다지체(水者茶之體)에서 요약한

다노진의

체여신상화(體與神相和)

것으로 체와 신이 온전하다 하더라도 오히려 중정을 잃는 것이 두렵다는 것이다.

다도의 핵심은 차와 물로, 정차(精茶)에는 물질 이상의 다신이 있고 진수(眞水)에는 형이상학의 수체(水體)가 있으니 포법(泡法)의 핵심은 이 둘을 조화시키는 것이다. 차는 물의 신(神)이요 물은 차의 체(體)이니 진수(眞水)가 아니면 그 신을 드러낼 수 없고 진다(眞茶)가 아니면 그 체를 규명할 길이 없다고 했다. 그러므로 체와 신이 잘 어우러져서 중정(中正)을 얻게 되면 신(神)과 체(體)를 규명하게 되고, 신과 체를 규명하면 건(健)과 영(靈)을 얻는다.

6) 건여령상병(健與靈相倂)

'건(健)과 영(靈)이 서로 나란하니' 이는 포법(泡法)의 관열즉(罐熱則) 다신불건(茶神不健), 호청즉(壺淸則) 수성당령(水性當靈)을 요약한 것이다. 다관이 뜨거우면 다신이 건전하지 못하고 다호가 깨끗해야 수성(水性)이 신령스럽다. 체(體)와 신(神)이 서로 조화를 이루어야만 건(健)과 영(靈)이 서로 나란하니 발현되고 물속의 체가 신령스럽게 드러나게 되는 것이다. 정밀하게 잘 제다된 정차(精茶)에는 다신(茶神)이 깃드는데 이 다신이 깨끗하고 알맞은 온도의 다관에서 잘 우려져야 건강한 색, 향, 미(味)를 온전히 갖춘 차 탕이 된다.

7) 지차이다도진의(至此而茶道盡矣)

다도진의(茶道盡矣)

'이에 이르면 다도는 마친 것이다.' 이는 다신전의 22장 다위(茶衛)의 다도진의(茶道盡矣)에서 인용하고 요약한 것이다. 차를 만들 때는 정성을 다하고 차를 보관할 때는 건조하게 하고 차를 우릴 때는 청결하게 하는 것이 다도를 다 하는 것이다. 체와 신이 잘 어우러져야만 성분과 효능이 일어나고 차의 기능성을 느껴야지만 다도(茶道)가 되는 것이다.

이처럼 초의선사는 『동다송』의 중심 사상을 29송에서 『다신전』의 각 항목을 인용하고 요약함으로써 그 정신과 뜻을 간결하고 심오하게 나타내었다. 초의선사의 다도관은 체(體), 신(神), 건(建), 영(靈)을 규명하여 현묘한 경지에 도달하는 것을 말하는데 이것이 『다신전』과 『동다송』의 핵심사상인 중정(中正)인 것이다.

초의선사는 다도(茶道)에 대한 물음에 이 평왈을 통해서 답변을 한 것이다.

제4장

현대 차(茶) 생활
적용방안 모색

『다신전』과 『동다송』에 따른 현대 차 생활

우리가 차를 접하면서 가장 많이 듣는 단어는 다도(茶道)라는 말이다. 이를 풀어보면 차를 통한 도(道), 즉 차의 길을 말하는 것으로 차의 정신성(情神性)과 물신성(物神性)을 동시에 함축하고 있는 말이다.

작은 찻자리

다도란 크게 2가지 뜻을 지닌다. 먼저 다도는 차를 다루고 끓이고 마시는 바른 방법이다. 이것은 무척 현대적(現象的)인 것으로 차를 따르고 우려내는 모든 행위를 원만 자적하게 해내는 것으로 볼 수 있다. 다른 하나는 차 생활을 통한 정신성의 획득이다. 다법(茶法)을 통해 얻어지는 내면의 깨달음을 말한다. 옛 성현의 말을 빌리지 않더라도 모든 것은 하나의 길로 통한다는 것과 일맥상통한다. 즉 차의 내외적인 조건을 충족시킴으로써 진리의 본체를 얻는 것이다.

우리나라에서는 다성인 초의선사가 처음으로 '다도'라는 말을 언급했다. 초의선사는 다도를 설명하기 위해서 『동다송』을 썼다. 그래서 '조주풍의 다도가 있지만 잘 알지 못하므로 『다신전』을 쓴다.'라고 했다. 또 초의선사는 산천 김명희에게 '수체(水體)와 다신이 열리어 정기가 들어오니 곧 대도를 이루게 된다.'라고도 했다.

초의선사는 올바른 다법은 차의 물신성과 정신성을 동시에 투과해야 한다는 다도론을 제시하고 있다. 다신전과 동다송에서 초의선사가 말하는 다도란 차와 물과 불이 최상의 조합으로 만나 다신을 불러내는 과정에서 얻는 깨달음의 경지다. 그리고 그 경지에 이르는데 필요한 일체의 과정과 절차를 익히는 것이다.

그렇다면 '다도철학'은 어떻게 정의해야 하는가. 다도철학이란 차를 다루고 끓이고 마시는 일에서 깨닫게 되는 자연과 인간의 삶에 대한 진리나 이념의 총체적인 것을 말한다. 다도철학은 단순한 차를 벗어나 시대를 함께 관통할 수 있는 사회 문화적 사상과 연관을 가지며 다도사상(茶道思想), 다도정신(茶道情神), 차인정신(茶人情神), 다도관 등을 포괄하는 개념인 것이다.

1. 찻물의 중요성

『다신전』 품천(品泉)에서 진수(眞水)가 아니면 다신(茶神)이 나타나지 않고 진차(眞茶)가 아니면 물의 신령(神靈)스러움을 엿볼 수 없다고 했다. 다신전 16장 품천은 찻물의 종류와 중요성에 관해서 이야기하고 있다. 육우는 『다경』에서 산에서 나오는 샘물과 유천과 석지에서 천천히 흐르는 물이 가장 좋은 물이라고 했다. 하지만 오늘날 이런 맑은 산수를 구하기란 여간 어려운 일이 아니다. 산수를 구하려면 물이 좋은 산으로 가야할 뿐 아니라 요즘은 산하(山河)의 환경이 변하여 곳곳이 오염되어서 좋은 찻물을 찾으려면 시간을 많이 들여야 한다.

진수(眞水)를 찾는 일은 진다(眞茶)를 만드는 것만큼이나 매우 중요하고 어려운 일이다. 아무리 세월이 흘러도 찻물의 중요성만큼은 변하지 않을 것이

칠불사 수각

다. 현대에 차를 좋아하는 사람들은 바쁜 생활 속에서도 좋은 찻물을 구하기 위해 찻물 기행을 가는 등 여러 가지 방법들을 동원하고 있다.

어떤 물이 찻물로 좋은 물이라고 할 수 있을까? 그에 대한 답부터 이야기하면 찻물은 용존산소량이 높고 수소이온농도는 중성에 가깝고 무기물 즉, 칼슘과 마그네슘 등의 미네랄 함량이 적은 ppm이 낮은 연수(軟水)가 좋다. 그 이유는 무기물 함량이 많으면 찻물의 색, 향, 미(味)가 쉽게 변해서 차의 맛과 성분과 효능을 오롯이 얻을 수 없기 때문이다.

1) 현대 차(茶) 생활 적용방안 모색

현대인들은 찻물로 누구나 쉽게 구할 수 있는 수돗물을 비롯해 정수기 물과 생수와 약수를 많이 이용하고 있다. 그런데 이 물들이 찻물로 적당한가? 물은 연수(軟水)와 경수(硬水)로 나누어 볼 수 있는데 이를 알아보기 위해서는 경도 계산법을 이용한다. 또한, 무기물 함량은 ppm 측정을 하면 알 수 있다.

물은 1L에 녹아 있는 칼슘(Ca)과 마그네슘(Mg)의 농도인 경도(傾度)에 따라 부드러운 물인 연수(軟水)와 센 물인 경수(硬水)로 나누어진다. 통상적으로 연수는 미네랄이 적어 목 넘김이 부드럽고 경수는 묵직한 느낌이라고 알려져 있지만 연수와 경수를 구분하는 기준은 기관마다 조금씩 다르다. 연수는 경도가 낮아 '단물'이라고도 하며 칼슘, 마그네슘 등의 미네랄이 적은 물이다. 산수, 강물, 빗물, 수돗물 등이 연수에 해당하며 차를 끓일 때는 연수가 바람직하다고 알려져 있다. 경수는 '센물'이라고도 하며 각종 미네랄이 풍부하게 녹아 있는 지하수, 우물물 등이 일반적으로 경수에 속한다. 운동 후나 미네랄이 필요한 임산부 및 변비로 고생하는 사람들에게는 경수가 좋은 것으로 알려져 있다.

$$경도\ (mg/L) = (칼슘량\ mg/L \times 2.5) + (마그네슘의\ 량\ mg/L \times 4)$$

물의 경도 계산법

세계보건기구(WHO)에서는 0~60mg/L은 연수(軟水), 60~120mg/L은 중연수, 120~180mg/L은 경수, 180mg/L 이상은 강경수로 분류하고 있다. 한국수자원 공사는 경도 75mg/L 이하면 연수, 경도 75~150mg/L은 적당한 경수, 경도 150~300mg/L은 경수, 경도 300mg/L 이상이면 강한 경수로 분류하고 있다. 다만 국내시장에서는 편의상 경도가 120mg/L보다 낮으면 연수, 그 이상이면 경수로 부른다.

차는 무기물이 많은 경수(硬水)일 경우 변화가 바로 일어나기 때문에 찻물로는 당연히 연수가 좋다. 하지만 찻물이 아닌 우리 생활의 밥물이나 신체에 있어 꼭 필수적으로 필요한 물은 미네랄이 풍부하고 깨끗하고 순수한 물임을 잊지 말아야 한다.

미네랄 중 철과 칼슘은 피와 뼈를 구성하며, 나트륨은 신경전달 물질 요소의 생리작용 조절을 한다. 다만 찻물에 있어서는 오롯이 진차(眞茶)의 다신(茶神)을 얻으려면 여러 무기물이 섞인 물보다 무기물이 적은 ppm이 낮은 물이 좋다.

이것은 식물의 광합성작용으로 생성된 플라보노이드, 폴리페놀, 즉 카테킨 성분과 물속의 미네랄 즉 무기물의 관계에서 비롯된다. 끓인 찻물에 철 성분이 많으면 차의 탕색이 검게 변하고 칼슘양이 많으면 떫은맛이 강해지며 망간은 쓴맛이 강해진다. 차의 맛과 색을 변하게 만드는 요소들은 차를 우려서 몇

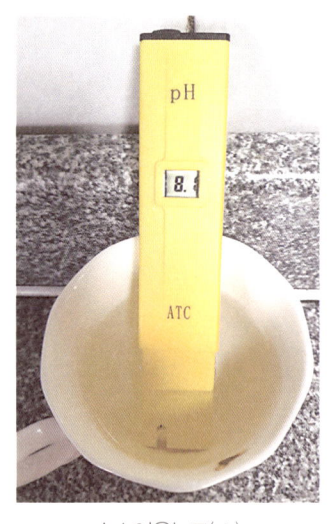

수소이온농도(ph)

분 후면 간단하게 알 수 있다. 무기물이 많이 든 물이라면 시간과 관계없이 우리는 순간 차의 색이 이미 변했음을 확인할 수 있다. 이는 무기물이 많은 물은 찻물로 적당하지 않다는 것이다. 차에 들어있는 여러 성분들이 무기물로 인해서 변하지 않고 몸에 들어가 여러 작용들을 해야 하기 때문이다.

먹는 물 기준 pH(수소이온농도)는 세계보건기구(WHO)는 6.5~8.5pH, 한국은 5.8~8.5pH다. 역삼투압방식의 정수기 물은 5.5pH고, 산성비는 5.6pH이다.

일반적인 생수병에는 칼슘, 나트륨, 칼륨, 마그네슘, 불소 등 5가지 무기물질의 정보가 표시되어 있다. 이것을 잘 보고 찻물에 알맞은 물 즉, 무기물 함량이 적은 연수를 선택하면 맛있고 향기로운 차를 우릴 수 있다. 단 너무 높은 온도에서 산화되지 않은 생수이어야 한다.

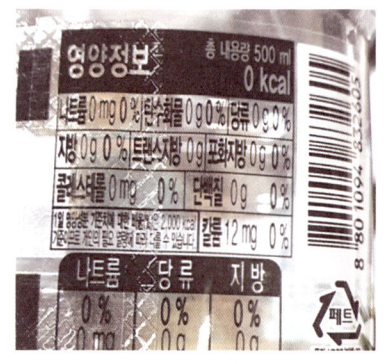

생수 영양정보

흔히 많은 차인들이 찻물로는 화산암반수로 알려진 제주 삼다수가 좋다고 한다. 그 이유는 제주 삼다수는 경도가 18.4mg/L 이하의 대표적인 연수이고 생수 중에서 49ppm으로 용존고형물총량이 낮기 때문이다.

ppm이 낮은 물로 차를 우려 놓고 그 변화를 살펴보면 이틀이 지난 차탕도 그 향은 감지할 수 없으나 차의 수색은 변하지 않음을 알 수 있다.

다도진의_

필자는 시중에서 판매되고 있는 생수와 증류수의 ppm을 조사하였다. 수돗물도 지역에 따라서 수질과 미네랄 성분이 다르므로 필자가 사는 동네 수돗물의 수질검사를 의뢰하였다. 또한 정수기 물의 역삼투압방식의 필터도 조사하여 보았다. 검사에는 시중에서 쉽게 구할 수 있는 TDS 측정 기구를 사용하였다.

생수의 종류

생수 무기물질 함량

이름	무기물 함량					ppm	수원지
	칼슘 (ca)	나트륨 (Na)	칼륨 (k)	마그네슘 (Mg)	불소 (F)		
동원 샘물	21.0–47.9	5.5–13.3	0.9–2.3	4.2–8.4	0.5–0.8	226ppm	충북 괴산군
삼다수	2.5–4.0	4.0–7.2	1.5–3.4	1.7–3.5	1.7–3.5	49ppm	제주 조천읍
제주 휘오		0mg	12mg			131ppm	제주 서귀포
광천수	16.8–17.8	4.9–9.2	1.4–1.9	15.4–19.3	0.1–0.2	88ppm	경기도 가평군
평창수	15.10–16.20	6.20–6.60	0.60–0.70	2.30–2.50	0.10–0.50	91ppm	강원
가야 g 워터	2.8–3.7	9.1–9.4	0.6	1.4–1.5	0.6–0.7	58ppm	속리산
먹는 샘물	9.7–9.9	4.3–4.5	0.9–1.1	1.2–1.5	불검출	64ppm	경남 산청군
가야산 천연수	11.8–17.0	25.0–26.9	0.4–2.0	1.2–2.5	0.6–0.8	119ppm	경남 합천군
남양 천연수	8.4–25.6	7.1–14.6	0.6–1.1	2.2–3.9	0.1–1.3	126ppm	전북 완주군
아이시스 8.0	20.2–25.0	13.8–23.9	0.4–0.5	5.4–7.6	0.2–0.5	147ppm	경북 청도군
스파클	1.7–11.0	8.5–18.9	0.2–0.9	0.7–4.3	0.0–0.3	78ppm	울산시 울주군
농심 백산수	3.0–5.8	4.0–12.0	1.4–5.3	2.1–5.4	0–1.0	66ppm	백두산 (중국)
바른 샘물	21.1–28.1	3.9–4.9	1.1–1.7	5.0–6.8	0.0–0.1	123ppm	경기도 연천군
에비앙	54–80	4.4–15.6	1.0–1.3	20.3–26.4	0–0.1	396ppm	프랑스
HEYROO 먹는샘물	9.7–9.9	4.3–4.5	0.9–1.1	1.2–1.5	불검출	64ppm	경남 산청군
g 가야 water	12.8–13.7	9.1–9.4	0.6	1.4–1.5	0.6–0.7	94ppm	경북 상주시
지리산 물하나	15.6–25.0	3.4–5.3	0.9–1.6	1.8–3.0	0.0–0.1	97ppm	경남 산청군
롯데 아이시스	21.1–28.1	3.9–4.9	1.1–1.7	5.0–6.8	0.0–0.1	126ppm	경기도 연천
증류수	0	0	0	0	0	0ppm	대한약품 공업(주)

다도진의

수돗물 수질검사 결과[91]

검사항목	기준	단위	검사결과
탁도	0.5 이하	NTU	0.06
수소이온농도	5.8~8.5	–	7.1
철	0.3 이하	mg/L	불검출
구리(동)	1 이하	mg/L	불검출
아연	3 이하	mg/L	0.015
망간	0.05 이하	mg/L	불검출
잔류염소	4.0 이하	mg/L	0.34
판정	기준적합		

정수기 물의 선택

구분 / 필터	역삼투압방식	중공사막 방식	전기 분해 방식
제거물질	미네랄을 포함하여 물속 모든 불순물 100% 제거	미네랄을 남기고 유해물질 대부분 제거	미네랄 등 유익 성분은 남기고, 중금속 등 불순물 제거
수소 이온 농도	산성 (pH5.6~6.0)	약알칼리성 (pH7.2~7.7)	약알칼리성 (pH7.2~7.7)
정수시간	시간이 오래 걸림	비교적 짧다.	비교적 짧다.
정수량	적음	필요에 따라 사용 가능	필요에 따라 사용 가능

2. 차(茶)를 표현하는 별칭(別稱)

(4송) 왕자상이 맛보고 "이것이 감로(甘露)입니다."라고 말했다.

子尚 味之曰 此甘露也

『동다송』 4송 송록(宋錄)에서 예장왕 자상이 팔공산의 담제도인에게 갔을 때 도인이 차를 준비했다. 차를 대접받은 왕자상이 차의 맛을 보고는 위와 같이 인사말을 했다. 우리는 찻자리에 손님으로 갔을 때나 손님을 초대했을 때 인사말을 해야 하는데 말보다는 웃음으로 대신하거나 어떤 말로 표현해야 할지를 몰라서 당황하는 경우가 종종 있다. 그래서 차를 뜻하는 별칭의 미칭과 폄칭을 알아보고 찬사의 말과 겸양의 답변에 대해서 알아보았다.

차의 별칭에는 차를 아름답게 표현하는 미칭(美稱)과 차를 깎아내리고 무시

현대의 찻자리

하는 폄칭(貶稱)이 있다. 찻자리에 초대되어 갔을 때 적절한 별칭들의 말을 섞어서 사용하면 서로 간의 품위와 격을 높일 수 있다.

신선 같은 풍모를 지닌 차나무는 대부분 명산(名山)의 정기를 받아 생장한 영초(靈草)이다. 그 근본이 다른 초목과 분명히 구별되며 효능 또한 기이하여서 육우는 『다경』일지원에서 차를 가목(嘉木)이라고 했다. 당나라 시인인 두목(杜牧, 803~852)은 재차산(題茶山) 중 산실동오수(山實東吳秀) 차나무를 칭하여 '서초괴(瑞草魁)'라고 했다. 서초괴(瑞草魁)의 서초(瑞草)는 길상(吉祥)의 풀이라는 뜻이며 괴(魁)는 우두머리를 뜻한다. 따라서 '서초괴'는 차가 인간에게 행복과 기쁨을 주는 풀 중의 으뜸임을 뜻하는 것이다.[92]

서진 때 중국 단양현 강소성 남경시 사람인 홍군거(弘君擧)가 저술한 양생에 관한 책인 『식격(食檄)』에는 손님에게 진차와 대용차를 내는 과정이 적혀있다. 손님이 도착하면 서로 인사를 마치고 먼저 서리꽃이 가득한 석 잔의 진차(眞茶)를 마신 다음에 이어서 대용차인 사탕수수, 모과차, 오미자차 등을 한 잔씩 대접한다는 내용이다.

서리꽃이 가득한 차는 육우가 자다법(煮茶法)에서 말발이 가득한 차탕을 준영이라고 표현한 대목과 상통한다. 식격(食檄)에서 말발이 가득한 진차(眞茶)와 다양한 대용차를 손님에게 대접한 풍성한 찻자리에 대해 묘사한 것이 매우 흥미롭다. 현대에도 찻자리 행사를 할 때 홍군거의 식격을 들어 차를 접대하는 문화에 관해서 설명하고 진차(眞茶)를 기본으로 해서 대용차와 함께 연출해 볼수 있다. 유화가 가득한 말차를 낼 수도 있고 이야기가 있는 찻자리 연출도 가능하다.

1) 차를 아름답게 표현하는 미칭(美稱)

① 감로(甘露) - 달콤한 이슬, 하늘에서 내리는 상서로운 이슬이다.

② 성사화(聖賜花) - 천자가 하사한 꽃 형상을 한 물건이란 뜻.

③ 서로(瑞露) - 상서로운 이슬이다.

④ 미로(美露) - 아름다운 이슬이다.

⑤ 천주(天酒) - 하늘의 음료이다.

⑥ 불천(不遷) - 옮겨 심지 않는다.

⑦ 유동(遊冬) - 겨울을 능히(어떤 어려움도) 이겨 낸다.

⑧ 청복(淸福) - 차를 하는 사람들은 좋은 청복이 있다.

⑨ 청인수(淸人樹) - 사람을 맑게 해주는 차나무이다.

⑩ 고구사(苦口師) - 달콤한 술을 입에 넣기 전에 쓴 차를 먼저 마신다는 뜻.

⑪ 감초(甘草) - 차는 단맛이 나는 풀이라고 한다.

⑫ 감초벽(甘草癖) - 차를 즐기는 사람을 감초벽이 있다.

⑬ 척번자(滌煩者) - 고민과 번민을 없애 주는 것이다.

⑭ 불야후(不夜後) - 차를 마시면 잠이 안 온다.

⑮ 여감씨(餘甘氏) - 여감은 여감자라는 과실 이름에서 따온 별칭.

⑯ 옥선고(玉蟬膏) - 훌륭하고 아름다운 연고차.

⑰ 청풍사(淸風使) - 맑은 바람의 사신.

⑱ 감람선(敢欖仙) - 늘 푸른 교목인 감람나무의 열매와 닮았다.

⑲ 감심씨(甘心氏) - 마음으로 항상 생각하는 뜻.

2) 차를 나쁘게 표현하는 폄칭(貶稱)

차를 나쁘게 깎아내리고 폄하하는 대표적인 말로 수액(水厄)과 낙노(酪奴)가
있다.

(1) 수액(물고문)

진(晉)나라의 사도장사(司徒長史) 왕몽(王蒙)은 차를 즐겼다. 많은 사람이 왕
몽의 집을 방문하면 왕몽은 늘 차 마실 것을 강요해서 모두 이를 불편하게 여
겼다. 그래서 사람들은 매번 왕몽에게 문안하러 갈 때마다 오늘은 '수액'이 있
는 날 즉 물고문이 있는 날이구나[93] 라고 하였다. 삼국 위진 시기 음차 풍속이
사대부들 사이에서 유행하기 시작할 때 음차 생활이 익숙지 않았던 사대부들
에게는 차 마시는 일이 실로 괴로운 일이었다. 이러한 연유로 사람들은 차를
'수액(물고문)'이라고 불렀으며 이후 수액은 차를 폄하하여 가리키는 말이 되
었다.

(2) 낙노(양젖의 노예)[94]

후위록(後魏錄)에 낭야 사람 왕숙(王肅)이 남조에서 벼슬할 때 차와 순채국을
즐겨 먹었다. 그가 제나라를 등지고 북지(北地)인 위(魏)나라로 망명한 후로는
양고기와 낙장(酪漿)을 즐겨 먹었는데 어떤 사람이 묻기를 "차와 낙장을 비교
하면 어떠한가?" 라고 하자 왕숙이 대답하기를 "차는 낙장의 노예조차 되지
못한다오."라고 했다.

낙노(酪奴)와 수액(水厄)은 모두 차의 폄칭(貶稱)으로 차의 미칭(美稱)인 감로,
서초괴와 상반되는 말들이다.

(3) 냉면초(冷面草)

차가운 얼굴빛의 풀이라는 뜻이다.

3) 차(茶)의 맛을 나타내는 말

① 만감후(晩甘後) - 차를 마셨을 때 처음에는 떫은맛이 나다가 후에 단맛이
느껴진다는 뜻이다.
② 감로(甘露) - 왕자상이 차를 맛보고 "이것이 감로입니다."라고 하였다.
달콤한 이슬이라는 뜻이다.

4) 차(茶)를 찬사(讚辭) 하는 말

① 아취가 참으로 좋습니다.
② 차의 맛이 감로(甘露)와 같습니다.
③ 차탕에 말발의 서리꽃이 피었습니다.
④ 차 우리는 솜씨가 최고(감동, 세련, 능숙)입니다.
⑤ 차의 향이 그윽합니다.
⑥ 차의 수색(탕)이 맑습니다.
⑦ 차가 과연 가품(佳品)입니다.
⑧ 능히 다삼매(茶三昧)를 꿰뚫었군요.

다도진의_

5) 겸양의 답변하는 말

① 차 우리는 솜씨가 미흡합니다.
② 차를 격불하는 솜씨가 미흡합니다.
③ 차 달이는 솜씨가 미흡합니다.

이상으로 차의 별칭으로 미칭과 폄칭, 그리고 차에 대한 찬사들을 알아보았다. 이 외에도 차의 별칭의 말들은 더 많이 있을 것이다. 차가 쓴맛이 나는 것은 사람들이 모두 능히 쓰다고 그렇게 말하기 때문이고 차가 달다고 하는 것은 차를 즐기는 사람들의 주장이다. 차의 폄칭은 차를 즐기지 않는 자의 주장이다. 그래서 옛사람들이 사물이나 차에 이름을 붙이는 뜻이 억지가 아님을 알 수 있는 것이다.

3. 우리의 차(茶) 정신

『다신전』과 『동다송』에서는 중정(中正)을 하는 이유가 차에는 다른 음료에는 없는 정신문화가 들어있기 때문이며, 한 잔의 차를 마시면 신선이 되는 것을 느끼기 때문이라고 했다. 초의선사는 해거도인에게 다도(茶道)에 대해서 무엇을 전달하고 싶었던 것일까? 차에는 고매한 정신문화가 있다는 것을 전해주고 싶은 마음이 있지 않았을까? 현대의 차인들은 차를 마실 때 차(茶)보다는 고가의 한복과 다기에 치중하는 경향이 있다. 하지만 동다송엔 분명히 우리의 정신문화의 본질과 물질문화의 건강을 추구하고 있다.

초의선사는 차의 정신은 검박하면서도 군자와 같고 삿됨이 없다고 했다.

동다송에 나타난 차 정신은 바로 우리의 차 정신인 중정(中正)이다. 행다례에서 '정(正)'은 올바른 자세이며, '중(中)'은 온화한 부드러움이다. 찻자리에서 '정(正)'은 차를 접대하는 주인과 손님의 기본 예의범절이며, '중(中)'은 깍듯하고 예의범절을 지키나 조금은 여유가 있는 상대적인 예절을 뜻한다. 한 발짝 더 나아간다면 찻자리부터 차를 우려내는 것까지 주인이 들이는 빈틈없이 세밀한 정성도 '정(正)'이 될 수 있으며 차를 접대받는 손님이 주인과 하나가 되어 온화하고 편안한 마음을 가지게 되는 것도 '중(中)'에 해당한다.

또한 '정(正)'과 '중(中)'은 다실 등 찻자리를 꾸밀 때 기준이 되는 중요한 미의식이기도 하다. 다실에 있어서 '정(正)'은 자연과 일체가 되어있는, 아니면 현대인들의 삶 속에 녹아 있는 것을 느낄 수 있는 분위기라야 한다. '중(中)'은 편안하게 손님을 맞을 수 있을 뿐만 아니라 스스로 공부하고 수행할 수 있는 분위기가 되어야 한다.

다도에서 '중(中)'과 '정(正)'은 한 발짝 더 나아가 차인의 사회, 문화, 윤리적인 삶에도 그대로 적용된다. 이것은 어쩌면 현대 차인의 삶 속에서 가장 중요한 것인지도 모른다. 차인의 사회 문화적인 삶 속에서 '정(正)'은 자신의 실체를 거짓 없이 있는 대로 꿰뚫어 보고 인정하는 것이다. 자신을 들여다본다는 것은 그만큼 내적 성찰이 이루어졌으며 그에 맞는 삶을 영위할 수 있는 자격이 있다는 것을 뜻한다.

우리가 흔히 말하는 '안분자족(安分自足)'의 삶을 살 수 있는 조건이 되는 것이다. 그것은 또한 자신이 지닌 능력의 최상과 최하가 어디쯤인지를 알고 삶

다도진의_

을 열심히 영위해갈 수 있는 성실한 노력이다. 차인의 삶 속에서 '중(中)'은 부족한 자신과 이웃을 사랑할 수 있는 따스한 마음인 자비(慈悲)이다. 차에는 자신의 삶을 건강하고 풍요롭게 영위할 수 있는 실천적인 철학이 다음과 같이 숨겨져 있다.

첫째, 차는 평상심(平常心)을 유지하는 실천적인 차 생활을 통해 자신을 다스릴 수 있게 해준다. 분노도 탐욕도 모두 생각에서 나온다. 꾸준한 음다(飲茶) 생활을 통해 자신의 삶을 되돌아보고 반성하게 된다. 다산 정약용은 자신의 그릇된 점을 깨달아가는 것을 공부라고 했으며, 목은 이색(李穡)은 자신의 다실에 가만히 정좌해 하루 생활을 반성하는 차 생활을 하며 탐욕에 물들어 있는 자신을 발견하곤 했다.

둘째, 옛 차인들은 차의 효능 중 한 가지가 근심을 없애는 것이라고 했다. 차를 마실 때는 신체의 오감으로 마신다. 귀로는 찻물 따르는 소리를 듣고, 눈으로는 차의 수색을 보고, 코로는 차의 향기를 맡으며, 입으로는 차의 맛을 음미하고, 손으로는 찻잔의 따스한 촉감을 느끼면서 차를 마셨다. 그리고 찻물 끓는 소리도 바람이 솔잎을 스칠 때 나는 소리, 전나무에서 빗방울 떨어지는 소리 등 천지 만물을 그대로 보듬어 안는 자연의 소리로 들으며 사랑했다. 그만큼 차 생활은 근심을 없애고 정신건강을 유지하는 데 큰 도움이 되었다.

셋째, 차 마시는 생활은 대인 관계에 있어서 대화의 매개체 역할을 한다. 차는 각박한 현대인의 생활을 훈훈한 문화로 바꾸어주는 역할을 하며 편안한 마음으로 차를 함께 마시면서 자신의 내면에 있는 진솔한 감정들을 나눌 수 있게 한다. 차를 끓여 마시는 과정에서 굳었던 감정이 서서히 풀리고 서로를 이해할 수 있는 분위기가 형성되기 때문이다. 따라서 차는 사람과 사람, 조직과 조직 간에 대화의 매개체를 만들어 준다는 점에서 큰 의미가 있다.

넷째, 차는 인간으로서 도리를 지키고 살아가는 예의를 갖출 수 있는 기본 자세를 만들어준다. 차 마시는 생활은 인내심과 질서를 갖춘 예의 바른 행동에서 시작하고 끝을 맺어야 하기 때문이다.

다섯째, 차는 삶의 실천철학으로서 그 가치를 높이 평가받을 만하다. 차는 우리 인간에게 건강하고 아름다운 신체를 가꿀 수 있게 할 뿐만 아니라 물의 진리를 통해 자연을 사랑하게 하는 삶의 실천철학으로써 가치가 있다.

다도진의_

현대인의 차(茶) 문화

우리의 차 문화는 삼국시대부터 내려오는 역사가 깊은 자랑스러운 문화이다. 조선시대에 접어들면서 임진왜란과 유교 정책에 의한 불교 탄압 등으로 차 문화가 쇠퇴의 길로 접어들었지만 조선 후기 『다신전』과 『동다송』 그리고 초의선사의 다선일여(茶禪一如) 사상 등이 전파되면서 다시 대중 속에 피어나기 시작했다.

현대에 이르러서 차에 관한 관심이 높아지고 일반인들의 차 문화의 부흥을 위한 노력도 많아졌다. 하지만 차 문화의 대중화는 아직 멀고 여전히 다도인 중심의 차 문화가 이루어지고 있다. 일반인들은 차 생활이 다도(茶道)라는 이름으로 예법과 격식을 중시하여 어려워하는 경향이 많다. 현대사회는 갈수록 생존 경쟁이 치열해지고 있으며 현대인들은 심신이 피로하고 건강의 위협을 받고 있어 차 한 잔의 여유가 필요한 시대이다.

초의선사의 다도관에서 그랬듯이 차 생활을 통해 몸과 마음을 건강하고 정갈하게 할 수 있다. 우리 민족의 좋은 차 문화를 실생활에 적용하고 계속 이어나갈 수 있게 부흥시켜야 한다.

1. 현대인들의 다도(茶道) 의미

커피나 홍차 혹은 다른 여러 가지의 차를 마실 때는 그 고유의 맛을 음미하는 데 그치지만 우리 전통 차를 마실 때는 전통 차 특유의 분위기를 느낄 수 있고 생각이나 고민을 정리하여 차분한 마음을 가질 수 있다는 장점이 있다. 서구적 시각에서는 차를 마시는 행위에 불과하지만, 동양적 사고에서 다도(茶道)나 선다(禪茶)라는 말은 고유의 맛을 음미하는 것을 넘어서 정신문화적 가치성에 주목한 말이다. 즉, 차를 마시는 것을 통해 더 나은 방향으로 나아가고자 하는 의도가 담겨 있다.

우리 전통 차는 다른 음료엔 없는 정신문화가 들어가 있다. 현대인들이 다도를 하는 목적은 첫째, 문화인이 될 수 있다는 기대감이 있고, 둘째, 정신적인 안도가 충만하기를 바라고, 셋째, 고상하고 고매한 인품을 갖춘 사람이 되기를 바라서이다. 차는 물질이지만 차를 마심에 있어 고요히 한적하고, 고상하고, 신성한 정신적인 문화를 찾고 있다. 『동다송』 31송을 살펴보면 그 고상함과 신성한 정신이 깃들어 있음을 엿볼 수 있다.

밝은 달은 촛불이며 겸하여 벗이 되었고
흰 구름은 방석이며 병풍이 되었네.
대숲 바람 소리, 솔바람은 소슬하고 청량하니
맑은 찬 기운이 뼈와 마음도 일깨우네.
오직 흰 구름과 밝은 달만 두 손님 삼았으니
도인의 앉은 자리가 이보다 좋을 소냐.

다도진의_

明月爲燭 兼爲友 白雲鋪席 因作屛 竹籟松濤 俱蕭凉

淸寒瑩骨 心肝惺 惟許 白雲明月 爲二客 道人座上 此爲勝

독철왈신

『동다송』 31송에는 차인들이 찾고 싶은 고귀하고 고상하고 신성한 초의선사의 정신적인 여유로움을 볼 수 있다.

현대(現代)는 차가 공산품화 되어 연필 사듯이 살 수 있는 물질문화가 되었고, WHO가 미국 타임스지에 소개한 세계 10대 건강식품으로 녹차가 선정되기도 했다. 그리하여 전 세계인이 차를 마시게 되었고 차문화가 더욱 발전되기 시작했다.

차는 기호 음료를 넘어서 정신문화의 도(道)라고 할 수 있을 것이다.

현대인은 물질적으로는 점점 풍요로워지고 있지만, 정신적인 풍요는 줄어들어가고 있을 뿐만 아니라 삶의 공허함이나 우울감 등을 더 느끼고 있다. 모두가 평온함을 외부로부터 찾고 싶어 하며 참살이나 힐링은 현대인의 삶의 과정이 아닌 목표가 되어 가고 있다. 이러한 가운데 사회학자 에리히 프롬(Erich Fromm)은 그의 저서 『자유로부터의 도피』에서 현대인은 병적인 상태로 살아간다고 보았다. 현대사회의 구조적 특징 때문에 자신이 원하는 삶을 자유 의지대로 살 수 없어서 극심한 불안을 느끼면, 그 결과 자아(自我)를 부정하게 되고, 결국에는 인간 소외에까지 이르게 된다는 것이다. 이런 각박한 현대인의 삶에서 다양한 우리 차들은 단순히 카페인을 제공해 주고 야근을 버틸 수 있게 하는 화학적 음료가 아니라 잠시나마 여유와 위안을 제공하는 하나의 안식처와도 같은 것이다.

한 잔의 차를 마시며 기운을 얻고 마음을 정리하는 것도 넓은 의미에서 우리 선조들이 말하던 「다도(茶道)」라는 행위에 포함할 수 있을 것이라 본다.

2. 전통적 다도와 선다(禪茶)의 의미

다도는 원래 선불교(禪佛敎)의 정신과 사상을 토대로 형성된 정신생활 문화이다. 옛날에는 시간과 공간을 초월하고 신분의 고하나 직업의 귀천을 떠나 일상적인 삶에서 차 생활을 통해 정신을 고양하고 자기 계발과 자아 확장을 이룰 수 있다고 생각했다.

선차(禪茶)는 '선다일여(禪茶一如)' 즉, 차 마시는 행위 자체를 선(禪) 수행으로 본다. 차(茶)와 선(禪)을 둘이 아니라 하나로 보고 차를 마시는 일상생활 속에서 깨달음의 세계로 나가는, 본성을 자각하는 문화생활이라 할 수 있다.

차를 마시는 일상은 평상심(平常心)을 유지하고, 평안하고 안정된 심리를 다져나가는 지혜로운 삶의 과정이다. 즉 전통적 의미에서 '다도'나 '선다'나 추구하는 그 근본은 같다고 본다. 현대에 들어와서 다도(茶道)라는 단어는 그 의미가 차를 마실 때의 공간, 다구, 행위, 예법, 정신으로 사용되면서 예전과는 조금 다른 의미로 사용되고 있지만 차 생활은 본성 자각의 문화라고 본다.

현대사회에서 다도(茶道)와 선차(禪茶)의 의미에 대하여 정성본 스님은 다음과 같이 말했다. 첫째, 부서지고 상실된 인간성을 회복하고 재건하는 것이다. 둘째, 미움과 증오, 사랑과 애착에서 오는 끊임없는 갈등과 괴로움, 생사 고뇌로부터 해탈하는 것이다. 셋째, 벗어나기 어려운 선입관, 즉 고정관념이나 습관, 풍습, 윤리관 등의 자승자박으로부터 해방되고 해탈하여 대 자유인이 되도록 하는 것이다. 넷째, 과거에 대한 미련과 감상 괴로움, 슬픔을 모두 떨쳐버리고 미래의 불안과 근심 걱정, 두려움을 극복하는 힘과 지혜를 갖추며 지금 여기에서 안심입명(安心立命)의 주체적인 삶을 전개하도록 하는 것이다.[95]

하지만 너무나 바쁜 현대인의 삶에서 차를 마시며 사색하고 명상을 통해 선(禪)을 추구하라는 말은 어쩌면 어불성설로 보일 수 있다. 그저 바쁜 일상 속에서도 선조들이 차를 마시면서 가졌던 마음가짐을 조금이나마 이해하고 좀 더 그 시간을 즐기고 여유를 가지면 되지 않을까 생각한다. 다도가 무엇인지 초의 선사에게 하문한 해거도인 홍현주(1793~1865년)는 다음과 같은 시를 지었다.

> 시를 읊조리고 차를 마시는 것 모두 선(禪)의 맛이니
> 나도 인간 세상에 사는 머리 긴 승이라네.[96]

즉, 산사에 가서 차를 마시거나 좋은 환경을 갖추고 차를 마시는 것만이 다도(茶道)이고 선차(禪茶)가 아니라 차를 마시는 일상 속에서 자신의 내면을 마주하고 마음을 차분히 가라앉힐 수 있다면 그것이 바로 선차(禪茶)의 수행이라고 보면 되는 것이다.

과거 우리 선조들의 차 문화는 화려한 복장이나 복잡한 차 도구 배열과 같은 까다로운 형식에 있는 것이 아니었다. 어떤 대상이나 형식에 얽매여 자연스러움을 잊어버린다면 차의 정신과는 멀어지는 것이다. 그냥 편안하게 차를 마시며 나의 감정과 생각을 정리하는 것이 차의 정신이라고 본다. 차를 마시는 것은 현대사회에서 현대인에게 내재한 다양한 의식과 정신적인 문제를 조금이나마 보듬어 줄 수 있는 소중한 행위라 생각한다.

오래 앉아 피곤해진 기나긴 밤
차를 달이며 무궁한 은혜를 느끼네.

다도진의_

한 잔 차에 혼미함이 다 걷히니

온몸에 맑은 차의 기운 퍼지자

모든 시름이 사라지네.

久坐成勞永夜中 煮茶備感惠無窮,

一盃卷却昏雲盡 徹骨淸寒萬慮空[97]

　우리가 일상생활에서 추구해야 할 선차(禪茶)의 모습이 확연하게 나타나 있
다. 선차는 결코 일상에서 유리될 수 없는 성질이다. 현대인이 겪고 있는 정신
적 문제들을 극복하고 깨끗하고 맑은 정신 세계를 이루기 위해서는 선차의 차
생활이 절실히 필요한 것이다.

　차는 건강 음료를 넘어 품격 있는 문화생활을 위한 기호 음료로써의 가치를
지닌다. 차를 마실 때 허례허식과 격식을 추구하지만 않는다면 육체적 건강은

사천 다자연

물론이고 정신적 여유와 마음의 평화를 추구할 수 있다.

3. 차가 인간에게 좋은 점

복잡하고 삭막한 도시 생활에서 작은 공간에 앉아 차를 우리고 있으면, 찻물 따르는 소리는 높은 산봉우리에 앉아서 듣는 쉼 없이 흘러내리는 계곡의 물소리 같다. 또한, 탕관(湯罐)에서 용솟음치듯 끓어오르는 물은 생명력 있는 활화산을 연상시키고 아름다운 대자연을 한눈에 보는 것처럼 느끼게 한다.

차 생활을 통해 욕심과 질투심이 없어지면 슬픔도 괴로움도 미움도 생겨나지 않는다. 남을 존경하며 참다운 사랑을 하게 되고 한 잔의 차를 음미하는 순간에 천하를 다 얻은 것 같은 원성취복(願成就福)을 맛볼 수 있다.

차 생활은 고급스럽고 사치스러운 행위가 아니다. 차 생활 속에 예절의 근본이 있고 생활철학이 있어서 우리 민족의 교육에도 이바지하는 바가 매우 크다. 예로부터 술은 인간의 마음을 몽롱하고 혼미하게 하지만 한 잔의 차는 머리를 맑게 한다고 했다. 행동은 조용하고 침착하며 여유롭고, 또한 부드럽게 하며 머리는 지혜롭고 총명하게 된다. 또 매사 판단에서 슬기롭게 대처할 수 있다. 차의 각종 질병의 치료 효과는 물론이고 차의 기능성 및 기호성과 영양성 또한 매우 다양하다. 그중에서도 가장 크게 작용하는 것은 항암 효과이다.

중국의 예방의학과학원 연구 결과에 따르면 녹차, 홍차, 우롱차 등 모든 찻

다도진의

잎에 N-나이트로소 화합물의 합성을 억제하는 항암 효과가 있는 것으로 밝혀졌다. 이 중에서도 녹차의 항암 효과는 강력해 홍차의 억제율이 43%인데 비해 녹차는 무려 85%에 이르렀다. 일본에서도 시즈오카 대학의 연구 결과를 보면, 일본의 주요 녹차 생산지인 시즈오카 현내에서 차산지로 유명한 오이키와 지역 주민들의 암 사망률은 차를 생산하지 않는 지역에 비해 매우 낮았으며 위암 사망률은 전국 평균의 1/3에 지나지 않았다고 한다.

강진 설록 다원

초의선사의 차 정신

1. 한국의 다도(茶道)정신, 중정(中正)

중정(中正)은 우리가 내세우는 다도의 정신(精神)이다. '중정'은 『다도고전』의 저자 윤병상 교수에 의해 연구발표[98] 되었으며 많은 차인(茶人)의 지지를 받아 다도정신으로 정해져 현재까지 사용해 오고 있다. 그 내력에 대하여 윤병상 교수는 이렇게 얘기한다.

「우리나라에서 다도정신(茶道精神)을 중정(中正)이라고 결정한 내력은 이러하다. 1975년에 한국 차의 정신은 『동다송』에 있는 중정이어야 한다고 연구 발표하였으며 대다수의 차인이 동의하고 중정을 한국의 다도 정신으로 삼게 되었다. 효동원에서 모이던 차인들의 모임이 모체가 되어 1977년 1월 15일에 다솔사에서 한국 다도회가 우리나라에서 처음으로 창립되고 회장에 효당 최범술 스님을 옹립하였다. 그때 정식으로 한국의 다도정신은 중정이라고 채택

다도진의_

한 것이다. 그리고 한국 다도회가 발전하여 1979년 1월 20에 한국 차인회가
결성되고 한국 차인회의 회지격이던 「다원」이란 차에 관한 전문적인 잡지가
창간될 때 한국 차의 정신은 중정이란 글을 처음으로 쓰게 되었다.[99] 앞으로
우리 차인들은 한국 차의 정신은 초의신사가 우리에게 가르쳐 주신 중정이란
것을 따라야 할 것이다.」

동다송에 따르면 차의 본령(本領)은 중정에 있다고 했다. 동다송 29송 본문
(本文)과 주석(註釋)에서 다음과 같이 중정을 언급하고 있다.

> (29송) 체(體)와 신(神)이 비록 온전하다고 하더라도
> 중정(中正)이 지나칠까 두렵다.
> 體神雖全 猶恐過中正
>
> 중정이 지나치지 않으면 건과 영을 함께 아우른다.
> 中正不過 健靈併

즉, '물과 차가 비록 온전하다고 하더라도 중정이 지나칠까 두렵다. 중정이
지나치지 않으면 건(建)과 영(靈)을 함께 얻는다.'라고 하였다.

즉, 차를 다관에 넣되 차의 많고 적음을 알맞게 가늠하여 중정을 잃지 않도
록 해야만 한다고 하였다. 요지는 『다신전』에 있다. 다신전은 전체적으로 중
정이 아닌 부분이 별로 없다. 채다(採茶), 조다(造茶), 변다(辨茶), 장다(藏茶), 화
후(火後) 등 끝없이 중정된 차 생활을 의미하고 있다. 특히 8장, 포법(泡法)에서
차의 양, 물의 양, 거르는 시간, 다호(茶壺)의 청결 등이 중정을 잃어서는 안 된

다고 적고 있다. 이 다신전의 포법(泡法)이 동다송 29장의 주석(註釋)으로 인용된 것이다. 물과 차는 각각 차의 몸(體)과 정신(精神)이기 때문에 중과 정이 넘침을 두려워해야 하며 중정이 균형을 이룰 때 체와 신이 함께 어우러질 수 있다는 의미다.

　이 말에 함축된 의미는 차인(茶人)들에게 지나치거나 모자람이 없고 어느 쪽에도 치우침이 없이 균형 잡힌 상태를 지키도록 강조하고 있다고 볼 수 있다. 다신전의 포법(泡法)에 있어 세 가지 기다림의 중정을 이야기하자면 찻물이 끓기를 기다리고, 차가 우러나기를 기다리며, 차가 식기를 기다리는 것이다. 이 기다림 또한 중정을 지나쳐선 안 된다.

제주도 오설록 차밭

다도진의_

2. 현대인들의 차 정신

초의선사는 우리의 차 정신은 '중정(中正)'이라 했다. 차(茶)를 대함에 있어 오묘함과 정성을 지녀 한쪽으로 치우치지 않는, 지나침도 모자람도 없이 조화를 잘 이룬 것이다. 체(體)와 신(神)이 어울려 건(健)과 영(靈)을 아울러 갖추는 것이 다도(茶道)의 궁극적 실현이라 할 수 있다.

현대인들은 물질만능주의 풍조가 팽배한 가운데 물질과 정신의 중정을 잃어버리고 혼란의 사회에서 살고 있다. 그런 측면에서 우리의 차 교육이 종래의 행다(行茶)를 통한 외형적 교육을 벗어나서 차를 활용한 차 명상, 차 치료, 차 상담, 차 품평 등으로 새로운 관심을 유발하는 것은 매우 바람직한 일이다. 왜냐하면, 정신과 육체가 지쳐 균형을 잃은 현대인에게 정신과 육체의 회복이라는 구체적으로 삶에 적용할 수 있는 차 교육을 통해 중정(中正)의 의미를 찾아주고 그 중정의 상태를 일상생활 가운데 적용할 수 있게 하는 것이 차 생활이 추구해야 할 길이라고 생각하기 때문이다.

여기서 '중정'은 막연한 의미의 중간이 아니라 모든 일에 분수를 지켜 지나침도 모자람도 없는 상태를 말한다. 소극적인 성격은 적극적인 성격으로, 이기적인 태도는 이타적인 태도로, 부정적인 의식은 긍정적인 의식으로 바람직한 방향으로 나아가는 것을 의미한다. 그런 측면에서 중정의 차 정신은 극단적 자기주장으로 양극화되어가는 오늘의 병리적 사회현상을 치유하고 타인을 위해 한 걸음씩 물러서고 배려하는 마음을 갖기 위해서도 꼭 필요한 정신이다. 모두가 다 함께 행복하게 살아가는 사회를 만들기 위해서 초의선사가 말하는 중정의 차 정신이 현대인의 차 생활에 뿌리내리기를 기대해 본다.

3. 평상심(平常心)과 실천적인 차 생활

　초의선사의 다도정신(茶道精神)은 항다반사(恒茶飯事)를 바탕으로 평상심을 유지하는 실천적인 차 생활을 중시하고 있다. 항다반사를 통한 평상심의 유지는 깨어있음을 핵심으로 하는 선불교(禪佛敎) 수행의 생활문화이다. 여기서 평상심은 무엇일까? 평상심은 인간 누구나가 갖추고 있는 근원적인 본래의 마음이고 조작이나 시비가 없는 평상시의 마음 그대로이며, 이를 도(道)라고 정의할 수 있다. 평상심시도(平常心是道), 즉 평상심이 도(道)이다. 이 말은 '도'가 따로 있고 '평상심'이 따로 있으면 안 된다는 말이다. 수행이 따로 있고 평상시의 생활이 따로 있으면 안 된다는 말이다.

　통속적인 평상심이란 갈등과 번민이 섞여 있는 마음, 온갖 욕망과 번뇌가 어우러진 마음이며, 탐욕과 성냄이 함께 한 마음, 미워하는 마음과 시기하고

평상심시도

다도진의

질투하는 마음은 물론 사랑하고 자비로운 마음도 평상심의 한 단면이다. 평상심은 평상의 마음이며 일상적으로 매 순간 끊임없이 작용하고 있는 마음이다. 그러므로 평상심이 바로 도(道)라고 하면 일상(日常)의 매 순간순간의 마음 그대로가 모두 도(道)라는 것으로 이른바 일체개진(一切皆眞)이라는 뜻과 같다.

그러나 마조선사의 선(禪)에서는 불심(佛心) 즉, 깨달은 자의 마음을 나타내는 말이 평상심이다. 마조선사가 말한 '평상심'은 조작(造作), 시비(是非), 취사(取捨), 분별(分別)이 없는 마음을 말한다. 평상심이란 그 분별이 끊겨 꾸밈도 없고, 옳음과 그름도 없고, 취함과 버림도 없고, 연속과 단절도 없고, 천함과 성스러움도 없는 것이다. 다만, 지금 가고 머물고 앉고 눕는 행위 모두가 도이다.[100]

걸을 때는 걷기만 하고, 머물 때는 그냥 머물기만 하고, 앉을 때는 앉기만 하고, 누울 때는 눕기만 하고, 밥 먹을 때는 밥만 먹는 게 평상심이다. 하지만 보통사람들은 걸을 때도 앉아 있을 때도 밥 먹을 때도 천만 가지 생각을 하고 온갖 생각들이 허공을 떠돈다. 몸은 지금 여기 있는데 생각은 여기를 떠나 안 가는 곳이 없다.

그래서 마조선사는 평상심의 마음만 유지할 수만 있다면 바로 그 순간 누구나 부처가 될 수 있다고 한 것이다. 그러므로 마조선사가 평상심이 도(道)라고 할 때의 평상심은 곧 '마음이 바로 부처'라고 할 때의 그 마음이다. 이때의 마음은 깨달은 자의 관점에서 말하는 마음이며, 만법(萬法)의 근원으로서의 마음이다.

마조선사의 일심법(一心法)에서 말하는 마음이란 "모든 법(法)은 모두 마음의 법(心法)이며, 모든 이름은 모두 마음의 이름이며, 만법(萬法)이 모두 마음으로부터 생겨 나왔으니 마음이 만법의 바탕이다."라는 일체유심(一切唯心), 만법근원(萬法根源)의 마음이라 말하고 있다.

동시에 마음 밖에 따로 부처가 없고 부처 밖에 따로 마음이 없는 이 마음이 바로 깨달은 자의 마음이다. 따라서 이 마음은 바로 일체법(一切法)이 모두가 불법이니, 모든 법이 곧 해탈이며, 해탈이란 곧 진여이니, 모든 법은 진여를 벗어나지 않는다. 그러므로 가고, 머물고, 앉고, 눕는 것이 모두 불가사의한 작용이다라고 하든가, 모두가 현묘한 작용이고 모두가 스스로 일이며, 참(眞)을 떠나서는 설 곳이 없으니, 서는 곳이 곧 참(眞)이다라고 하는 일체개진(一切皆眞), 입처즉진(立處卽眞)의 일원적(一元的) 마음을 이야기하고 있다.[101]

그리하여 마조선사가 직접 설파한 평상심이란 이런 것이다. 평소의 마음이란 무엇인가? 그것은 일부러 꾸미지 않고 이러니저러니 판단을 하지 않으며 마음에 드는 것만을 좋아하지도 않고 단견상견(斷見常見)을 버리며 범성(凡聖)을 구분하는 생각과 멀리 떨어져 있는 마음을 가리킨다. 차는 일찍이 신농씨에 의해 발견된 이래 약용, 식용, 의식용, 기호용 등 여러 목적으로 사용되어 왔다. 특히 차가 선불교의 필수적인 수행 음료가 되면서 집단 총림 생활의 체제를 규율하는 청규라는 고차원적인 다도로 발전하게 되었다.

차는 좌선 수행자들에게 더없이 좋은 각성제가 되었다. 선사들도 초심자들을 깨달음으로 이끌기 위한 매개체로 차를 사용하였고 그 가운데 가장 많이 알려진 것이 바로 조주 종심(趙州 從諗)(778~897)의 '끽다거(喫茶去)'이다.[102] 선가 수행에서 차탕을 만들어 마시는 일련의 과정은 번뇌 망상과 분별심을 버리고 근원적인 순연한 본성을 회복하여 청정법신의 세계에 들어가기 위한 다도(茶道)였다.

선불교는 관념적이고 사변적인 교학 불교를 실천불교로 되돌리려는 혁명적 목표를 가지고 출발한 만큼 깨달음 이전이나 깨달음 이후에도 자비와 실천의

다도진의_.

행을 중시한다. 결국, 평상심의 도(道)에 이르기 위해서는 비평상심(非平常心)의 극복이라는 지극한 과정을 거쳐야 한다는 것이다.[103]

따라서 현대인의 차 생활은 항다반사(恒茶飯事)를 통해 평상심을 유지하는 것이 정신적 육체적 안정을 가져와 궁극적으로는 건강하고 행복한 삶을 살아갈 수 있다.

차시배지

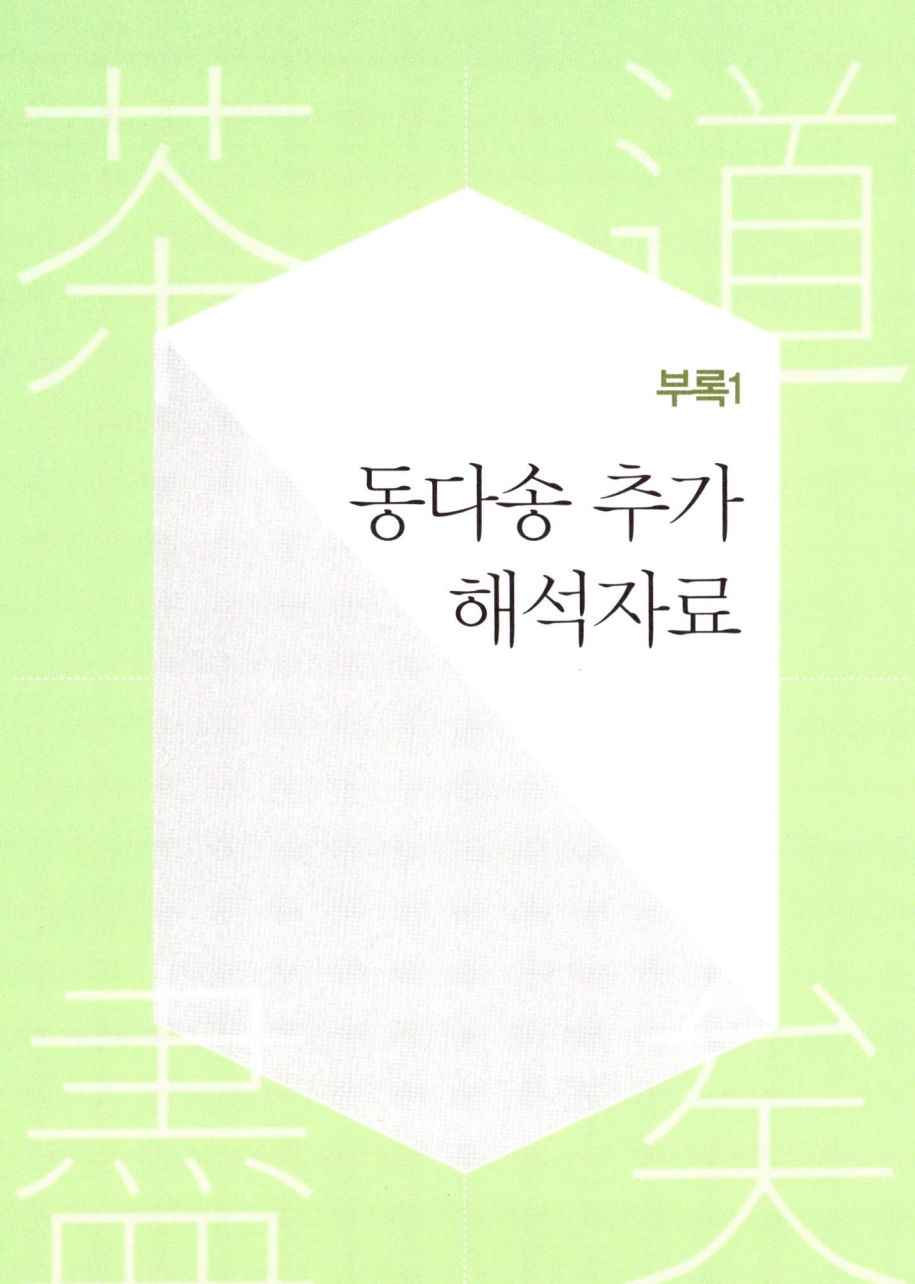

부록1

동다송 추가
해석자료

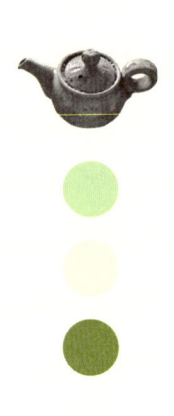

제4송 송풍회우(松風檜雨)

송풍(松風)

회우(檜雨)

나대경의 약탕시에서 탕관에 찻물을 끓일 때 소나무에 바람 스치는 소리와 전나무에서 떨어지는 빗방울 소리가 들리면 죽로에서 급히 동병을 내려 송풍 해우 소리가 들리지 않기를 기다린 후에 뜸이 잘 든 찻물로 춘설차 한 잔을 기울이니 제호보다 좋다고 했다.[104]

다신전 탕변(湯辨)에서 끓는 탕의 분별법은 크게 세 가지가 있다. 첫째는 모양으로, 둘째는 소리로, 셋째는 김으로 분별하는 것이다.

물 끓는 모양은 탕관 속의 변화이고 소리는 탕관 밖에서 나는 외변이다. 탕관 안팎의 변화를 함께 알 수 있는 것이 첩변이다. 나대경 약탕시의 송풍회우는 탕관 밖에서 나는 소리인 외변에 해당된다.

송풍해우는 구리로 만든 주전자에 찻물이 화로(火爐) 위에서 등파고랑(騰波鼓郎)이 지속되면서 팔팔 끓을 때 나는 소리이다. 이때 급히 죽로(竹爐)에서 내린다고 했다. 남송(南宋) 때는 가루차를 점다해서 마시는 시기이므로 물을 백수탕(白壽湯)이 되도록 너무 끓이게 되면 산소가 부족하여 차가 가라앉는다. '송풍회우가 지나고 고요해진 다음, 뜸이 잘 든 찻물로 점다(點茶)한 한사발의 유화 뜬 차는 제호보다 낫다네.' 송대(宋代)는 개문칠건사의 하나로 차가 일상다반사였다.

나대경(羅大經)은 남송(南宋)말의 여릉(廬陵) 사람으로 자는 경륜(景綸)이다. 과거에 급제하여 용주(容州)의 법조연이 되었다가 유학자로서 향촌에 은거하면서 『학림옥로』를 저술하였다. 『학림옥로』는 나대경이 자신과 교유하던 문인들의 이야기를 묶어 편찬한 수필집이자 선어집이다. 약탕시는 학림옥로 권3에 수록된 시구 중 일부만을 골라 인용한 것이다. 원 시제는 「인보이일시운(凶補以一詩云)」이다.

제9송 사마상여의 금가(琴歌)[105]

서진(西晉)의 사마상여는 장맹양(張孟陽)의 등성
도루(登成都樓)에 등장하는 탁왕손(卓王孫)의 딸 탁
문군(卓文君)과의 애틋한 사랑으로 유명하다. 사마
상여는 탁왕손의 집에서 청상과부가 되어 돌아온
그의 딸 탁문군을 만나게 되는데 첫눈에 그녀에게
마음을 뺏기게 되고 그는 탁문군에게 자신의 마음
을 담은 금가 (琴歌)를 지어 불렀다.

사마상여와 탁문군

봉새여 봉새여 고향으로 돌아왔네
사해를 떠돌면서 황새를 찾았다네.
시절이 맞지 않아 함께 할 짝이 없었는데
어찌 알았으랴 오늘밤 이 대청에 오를 줄을
어여쁜 숙녀 이곳에 있는데
방은 가까우나 사람은 멀어 내 마음 외롭게 하네.
무슨 수로 목을 서로 부비는 다정한 원앙이 될 수 있을지
황새여 황새여 나를 따라와 깃드니
그대에게 몸을 맡겨 교미하고 새끼 치며 영원한 짝이 되네.
정을 나누고 한 몸 되면 마음도 서로 잘 맞을 터
한밤중에 당신 따라간다면 아는 이 그 누구랴
짝을 이뤄 잠을 깨고 같이 일어나 높이 날면 되니
내 마음을 건드려 날 슬프게 하지 마세요.

사마상여의 금가는 탁문군에게 거문고를 뜯으며 자신의 마음을 노골적으로 전달하며 탁문군을 유혹하는 연가이다.

제14송 용봉(龍鳳) 단차(團茶)

크고 작은 용봉단차는 정위가 만들기 시작해서 채군모가 완성했다. 향약(香藥)을 넣어 떡차(餠茶)를 만들었고, 떡차 위에 용과 봉

용봉단차

황의 무늬로 장식하고 임금께 올리는 차는 금으로 장식하였다. 소동파는 시에서 황금색 찻잎으로 떡차 백개를 만드는데 만전의 비용이 들었다고 했다.[106]

1) 송(宋)대 연고차 제다 공정[107]

웅번(熊蕃)의 『선화북원공다록(宣和北苑貢茶錄)』에 따르면 찻잎의 종류를 다음과 같은 다섯 가지로 분류하고 있다.

① 특등품 : 시루에서 쪄낸 찻잎을 맑은 물에 담가서 껍질을 벗겨내어 바늘과 같은 한 가닥만 골라서 쓴다. 그것이 물속에서 은실처럼 빛나기 때문에

다도진의_

은선수아(銀線水芽)라고 한다.

② 1등품 : 찻잎의 모양이 참새혀[雀舌], 매손톱[鷹爪], 보리알[麥顆] 같아서 올싹[早芽], 작은 싹[少芽]이라고도 한다.

③ 2등품 : 한 싹에 한 잎이 달린 일창일기(一槍一旗)로서, 가려낸 싹[揀芽] 또는 기차(奇茶)라고도 한다.

④ 3등품 : 한 싹에 두 잎이 달린 일창이기(一槍二旗)로서, 중간 싹[中芽]이라 고도 한다.

⑤ 4등품 : 한 싹에 세 잎, 네 잎이 달린 쇤잎[老葉]이다.

찻잎의 등급은 다섯 가지로 분류하였으나 2등품까지 많이 사용되었다.

제다 공정

① 차따기 : 해가 돋기 전에 손톱으로 끊어서 딴다. 그러나 차의 맛을 떫게 하는 백합(白合)과 빛깔을 흐리게 하는 오체(烏蔕)는 제거하고 딴다.

② 차씻기 : 찻잎에 묻어 있는 먼지를 물로 깨끗이 씻어서 제거한다.

③ 찻잎찌기 : 물에서 씻어낸 찻잎을 시루에서 넣어 알맞게 찐다.

④ 찻잎 식히기 : 시루에서 쪄낸 찻잎에 물을 여러번 뿌려서 식힌다.

⑤ 물짜기 : 물로 식힌 찻잎을 소형 압착기[壓搾器]에 얹어 놓고 물기를 짜낸 다.

⑥ 즙짜기 : 물기를 짜낸 찻잎을 대껍질로 싸서 대형 압착기[壓搾器]에 올려 놓고 건조될 때까지 차고를 뺀다.

⑦ 찻잎 갈기 : 질그릇으로 만든 가는 동이[研盆]에 연고차 한 개 분량의 찻 잎을 넣고 물을 섞어 가면서 절굿공이[杵]로 갈아낸다.

⑧ 비비기 : 연분(研盆)에서 갈아낸 차를 고르게 치대고 보드랍게 주무른 다

음 손가락으로 미끄럽게 한다.

⑨ 찍어내기 : 은이나 대나무로 만든 차틀에 찻잎을 넣고 찍어내어 대자리에 널어서 말린다.

⑩ 말리기 : 틀에 찍어낸 차를 센불로 쬐고 펄펄 끓는 물에 통과시키기를 세 번 되풀이한다. 차를 하룻밤 동안 불에 쬐고 이튿날 여린 불에 통과시킨다.

⑪ 빛내기 : 차를 뜨거운 물 위로 통과시켜서 빛깔이 나면 밀폐된 방에 두고 급히 부채질을 한다. 그렇게 하면 빛깔과 광택이 자연스럽게 빛난다.

⑫ 보관 : 배로(焙爐)에 넣지 않는 차는 밀봉하여 부들 잎으로 엮은 싸개에 담아서 높은 곳에 보관한다.

2) 연고차 음용 방법[108]

① 차 굽기 : 차 싸개에서 꺼낸 차를 차 집게에 끼워서 불에 쬐어 골고루 굽는다.

② 분쇄 : 불에 구운 차를 종이에 싸서 다듬잇돌에 얹어 놓고 방망이로 부순 뒤 연에서 분쇄해 가루 낸다.

③ 차 맷돌질 : 분쇄된 부스러기를 차 맷돌로 갈아서 가루를 만든다.

④ 체질 : 차 맷돌에서 갈아낸 찻 가루를 비단체로 곱게 친다.

⑤ 물 끓이기 : 탕병(湯甁)에서 물을 끓이는 단계는 게눈(蟹眼), 물고기눈(魚目), 용천연주(湧泉連珠), 등파고랑(騰波鼓浪)의 4단계로 구분하되 3단계인 용천연주로 끓는 물이 찻가루와 융합하기에 알맞다.

다도진의

⑥ 점다법(點茶法) : 차를 점다(點茶)하는 것은 휘종황제의『대관다론』에 보면 정면점(靜面點), 일발점 (一發點), 칠탕점(七湯點) 등 세 가지 점다법이 있다. 이렇게 하면 차의 삼묘(三妙)가 나타나고, 차의 빛깔은 순백색이고 향기는 순한 본연의 향기이며 맛은 달고도 미끄러운 것이 으뜸이다.

점다(點茶)

제16송 길상예(吉祥蘂)와 성양화(聖楊花)

> 도인이 오로지 좋은 차를 온전히 얻고자 하여
> 일찍이 몽정산(蒙頂山) 정상에 손수 차를 심었다네
> 잘 길러서 얻은 다섯 근을 임금에게 바치니
> 길상예(吉祥蘂)와 성양화(聖楊花) 그것이었네[109]

사천성 명산현(名山縣)과 아안(雅安) 사이에 있는 산에서 생산되는 몽정차(蒙頂茶)는 고금을 통하여 명차(名茶)이며 사람들이 선차(仙茶)라고 부른다. 몽정차의 기원은 2,000년 전 서한시대로 전해진다. 「사천통지(四川通志)」에 의하면 몽산은 명산(名山) 서쪽으로 15리에 위치해 있다. 5개의 봉우리 형태는 하늘에

황차원에 있는 공차 석각

서 내려다보면 연꽃잎과 흡사하다. 가장 높은 상청봉(上淸峰) 정상에는 한 평 남짓한 땅이 있었다. 기원전 53년 서한시대 감로연간(甘露年間) 때 오리진(吳理眞) 조사(祖師)가 베틀 작업을 하다가 눈이 먼 홀어머니께 야생 찻잎을 달여 드리자 어머니가 마시고는 눈이 깨끗이 나왔다. 그 뒤부터 오리진은 일대 인근 백성들을 위해서 몽정산 상청봉에 일곱 그루의 차나무를 심었다. 이것이 최초의 인공차 재배의 시작이었고 선차(仙茶)인 몽정차라는 기록이 전한다.

몽정차는 옛부터 품질이 뛰어나 일찍이 공품(貢品)으로 삼았다. 동한(東漢) 초년에는 사람들이 몽정차를 성양화(聖揚花), 길상예(吉祥蘂)라고 불렀으며 한나라부터 명성을 드날린 몽정차는 당나라에도 대표적인 공차(貢茶)품목으로만 천하에 이름이 높았다.[110]

제18송 다산의 걸명소(乞茗疏)[111]

걸명소는 다산 정약용이 1805(을축년) 유배시절에 아암 혜장선사에게 차를 보내주길 간절히 부탁하는 내용의 편지글이다. 걸명소(乞茗疏)에 보면 차 마시기 좋은 때를 적어 놓았다. 아침 햇살이 비칠 때, 흰 구름이 맑은 하늘에 두둥실 떠 있을 때, 낮잠에서 막 깨어났을 때, 밝은 달이 시냇물에 드리워졌을 때이다.

다도진의

나는 요즘 차만 탐식하는 차 버러지가 되어

겸하여 차를 약으로 마시고 있소.

글 중의 묘함은 육우의 다경(茶經) 삼편(三篇)을 통달 하였으니

병든 몸은 누에인양 노공(盧仝)의 칠완다(七椀茶)를 들이키고 있소.

비록 정력이 가라앉고 기력이 없어진다는 기모경의 말 잊지 않고

막힘을 풀고 흉터를 없애 준다는 이찬황의 차 마시는 버릇을 얻었소.

아아! 아침 햇살이 비칠 때, 흰 구름이 맑은 하늘에 두둥실 떠 있을 때

낮잠에서 막 깨어났을 때, 밝은 달이 시냇물에 드리워졌을 때

맷돌에 차를 갈 때면 잔 옥구슬이 눈처럼 휘날리는

산골의 등잔불로서는 좋은 차를 가리기 아득하여도

자주빛 어린 차 향기 그윽하고,

불 피워 새 샘물 길어다 들에서 달이는 차의 맛은

신령께 바치는 백포의 맛과 같소.

꽃무늬 홍옥 다완을 쓰던 노공(潞公)의 호사스러움은 따를 길 없고

돌솥 푸른 연기의 검소함은 한비자에 미치지 못하나

물 끓이는 흥취를 게눈 고기눈에 비유하던

옛 선비들의 흥취를 부질없이 즐기는 사이,

왕실에서 마신다는 용봉단의 진귀한 차는 바닥이 났소.

땔 나무 조차도 할 수 없게 된 병든 몸이라

부끄러움 무릅쓰고 차를 보내 주시는 정을 비는 바요

듣건데 고해(苦海)를 건너는데는 보시를 가장 중요시 여긴다는데

명산의 고액이며 풀 중의 영약으로 으뜸인

뭉친 차 한 줌 보내주시는 일이라 하오.

목마르게 바라는 뜻을 헤아려

달빛 같은 은혜 아끼지 말기 바라오.

　　　　　　　　　　　　　　 - 다산 정약용(茶山 丁若鏞)

제19송 우리나라의 차나무 품종 및 특성[112]

우리나라에서 생산되는 차는 근본이 서로 같아

색(色), 향(香), 기(氣), 미(味)도 똑같다고 논한다네.

東國所産元相同 色香氣味論一功

　동다송 19송은 우리차의 우수성을 강조한 부분으로 한국차의 품질이 중국의 일급차와 다름이 없음을 말하고 있다. 이덕리의 『동다기』에 어떤 사람은 우리나라 차의 효능이 중국 월주(越州) 차에 미치지 못한다고 의심하였으나 내가 보기에는 색, 향, 기, 미(味)에서 모두 차이가 없다고 하였다.

　농촌 진흥청에서 우리나라 차나무 품종의 우수성을 밝혀냈다. 외국 품종보다 카테킨 함량이 23% 많고, 항산화 효과가 18%나 높아 국내에서 육성한 차나무 품종의 기능성 물질 함량이 외국 품종보다 높은 것으로 나타나 우리 품종의 우수성을 입증했다. 농촌진흥청은 전남대학교와 공동연구

전남농업기술원 차산업연구소

다도진의

를 통해 "우리 차나무 품종이 외국 품종보다 카테킨 함량과 항산화 효과가 높다."고 밝혔다.

1) 우리나라의 주요 차나무 품종[113]

재래종은 우리나라 남부지방 곳곳에 자생하고 있으며 소엽종 계통이다. 기록에 의하면 서기 828년 대렴이 중국에서 차종자를 들여와 지리산 자락에 심었다는 설이 있지만 그 이전부터 있었다고 하는 학자도 있다. 주로 대나무 숲이나 덤불속, 사찰 주변에 분포하고 있으며 평균기온 13℃를 잇는 온도선 이남인 전북 선운사, 전남, 경남, 제주 일원에 한정되어 자생하고 있다. 잎 형태는 타원형이 많으나 오랜 세월동안 지역의 환경에 따라 분화 적응되어 여러가지 다른 모양을 나타내고 있다.

고산지대일수록 잎의 길이와 폭이 좁고 작으며 평지의 경우 고산지대보다 길고 크다. 내한성과 내병성이 강한 편이며 녹차 제조용으로 적당하다. 맛과 향이 좋은 편이며 많은 우량 개체가 자생지에 산재되어 있지만, 아직 선발하여 품종으로 등록하지는 못하고 있는 실정이다. 하지만 현재 많은 계통을 분석 연구하면서 우리나라에서도 품종 개발이 활발히 이루어지고 있다. 차나무 품종이 갖고 있는 개개의 고유한 특성이 차의 품질을 결정한다.

우리나라의 차 품종 육종 연구는 1993년부터 시작하여 9년만인 2001년 세 가지 품종을 육종한 바 있고 10년째인 2002년 두 품종을 더하였으며 현재까지도 활발히 연구에 힘쓰고 있다. 우리나라의 품종은 찐차용과 덖음차용 그리고 조, 중, 만생종을 안배하여 육성하였다. 2021년 현재 국내 차나무 육종 품종은 전남농업기술원 차산업연구소, 농촌진흥청, 그리고 제주도와 개인 등 모두 24종의 품종이 개발된 상태이다. 또한, 24종 외에도 등록되지 않은 품종들이 여럿 있다. 등록된 주요 품종을 살펴보면 다음과 같다.

우리나라 차나무 신품종 특성표_ 국립종자원 2021년

A 출원일	B 출원번호	C 작물분류	D 작물명	E 품종명	F 출원인	G 육성자	H 등록일	I 등록번호	J 소멸일	K 기타
20141215	출원-2014-607	특용작물	차나무	금록	전라남도	윤창용, 김길자	20170207	6476	20370206	품종보호등록
20120323	출원-2012-245	특용작물	차나무	금설	제주특별자치도	송인관, 손석희	20140314	4832	20340313	품종보호등록
20120320	출원-2012-230	특용작물	차나무	금향	전라남도	윤창용, 김길자	20140314	4833	20340313	품종보호등록
20191112	출원-2019-577	특용작물	차나무	다산	윤여목	윤여목				재배심사
20120320	출원-2012-227	특용작물	차나무	명록	전라남도	윤창용, 김정운	20140314	4834	20340313	품종보호등록
20110314	출원-2011-247	특용작물	차나무	명녹	전라남도	윤창용, 김정운		0		거절결정
20151215	출원-2015-715	특용작물	차나무	보림	전라남도	윤창용, 김병호	20180307	6998	20380306	품종보호등록
20100618	출원-2010-354	특용작물	차나무	보향	전라남도	김정운, 윤창용		0		거절결정
20130319	출원-2013-220	특용작물	차나무	비취설	제주특별자치도	송인관, 김봉찬	20150319	5365	20350318	품종보호등록
20120321	출원-2012-232	특용작물	차나무	상록	전라남도	윤창용, 김길자	20150319	5369	20350318	품종보호등록
20110902	출원-2011-426	특용작물	차나무	상목	농촌진흥청	이율태, 송연상	20140314	4837	20340313	품종보호등록
20190516	출원-2019-255	특용작물	차나무	세이메이	국립연구개발	요시다 카츠유		0		출원취하
20190325	출원-2019-183	특용작물	차나무	세이메이	국립연구개발	요시다 카츠유		0		출원취하
20150331	출원-2015-340	특용작물	차나무	은녹	전라남도	윤창용, 김길자	20180307	6999	20380306	품종보호등록
20130603	출원-2013-333	특용작물	차나무	은향	전라남도	윤창용, 김길자	20160310	5930	20360309	품종보호등록
20110906	출원-2011-428	특용작물	차나무	중모8001	농촌진흥청	이율태, 송연상	20140314	4836	20340313	품종보호등록
20130709	출원-2013-360	특용작물	차나무	중모8002	농촌진흥청	이율태, 김철우	20160224	5899	20360223	품종보호등록
20140318	출원-2014-212	특용작물	차나무	중모8003	농촌진흥청	이율태, 김철우	20160224	5900	20360223	품종보호등록
20200313	출원-2020-168	특용작물	차나무	진녹	전라남도	기광연, 윤창용		0		재배심사
20201229	출원-2020-649	특용작물	차나무	진설	제주특별자치도	이성문, 송인관		0		재배심사
20100618	출원-2010-355	특용작물	차나무	참녹	전라남도	김정운, 윤창용		0		거절결정
20190417	출원-2019-221	특용작물	차나무	향녹	전라남도	기광연, 윤창용	20210310	8471	20410309	품종보호등록
20120704	출원-2012-423	특용작물	차나무	화덕	농촌진흥청	이율태, 김철우	20150319	5366	20350318	품종보호등록

(1) 보향(寶香)

보향은 1994년 전남 승주군 낙안면 야생 차밭에서 수집하여 1997년에 우량 계통으로 선발 후 특성검정을 통하여 우리나라 최초로 전남농업기술원 차시험장에서 육성하였다. 숙기는 중생종으로 내한성은 강하지만 연평균 기온 13℃ 이상 남부해안 지역인 전남, 경남, 제주에 적합하고 산간 남부내륙지방에서는 수광 태세가 좋은 남향에 재배해야 한다. 내병성인 탄저병, 겹둥근무늬병에는 강하고 내충성은 중 정도이다. 수형은 직립형으로 수세가 강하며 특히 신초 생장이 균일하고 양호하여 기계화 재배에 용이한 품종이다. 100 아중은

다도진의_

29g이었으며 첫물차에 생장했던 새싹이 두물차 수확기까지 갈변하는 확률은 65%로 늦은 편에 속해 수확기 지연 시 생산물 품질 저하가 적은 품종이다. 잎에 아미노산 함량이 많은 품종으로 기호성이 좋은 차를 희망하는 재배자가 선호하는 품종이다.

보향차 묘목

(2) 명선(茗禪)

명선은 1994년 전남 여수시 돌산에서 수집하여 1997년에 우량 계통으로 선발된 후 특성 검정 및 생산력 검정을 통하여 2001년에 전남농업기술원 차시험장에서 육성하였다. 수형은 옆으로 퍼지는 개장형으로 잎이 매우 적은 소엽종에 속하고 100 아중은 21g으로 낮은 편이며 신초 발생도 중 정도로 수량성이 낮은 품종이지만 엽중에 탄닌 함량이 높아 기능성 차로 적합한 품종이다. 차를 수확하는 숙기는 만생종인 품종이다. 엽색은 진한 녹색을 띄고 있으며 엽두께도 두꺼운 편이다. 특히 내한성이 매우 강한 품종으로 탄저병, 겹둥근무늬병의 내병성도 매우 강하며 내충성은 중 정도이다. 제다 후 적성은 형태, 색택, 향, 맛은 양호하며 수색, 외관은 중 정도이다.

(3) 참녹

1994년에 경남 하동군 악양면 정서리에서 수집하여 1997년에 우량계통으로 선발 후 특성검정 및 생산력 검정을 통하여 2001년에 전남농업기술원 차시험장에서 육성하였다. 수확기는 조생종으로 차나무 퍼짐성은 직립형으로 수세가 강하여 수량성이 높은 품종이다. 내한성은 강한 편이지만 연평균 온도 13℃ 이상 되는 남부 해안지대인 전남, 경남, 제주에 적합하고 산간내륙 지방은 수광 태세가 좋은 남향에 심어야 한다. 엽색은 진한 녹색을 띄우며 번식 시 발근율은 양호한 편이다. 탄저병, 겹둥근무늬병의 내병성은 강하고 포장에서의 내충성도 강한 편이었다. 엽중에 카페인 함량이 적어 저카페인 품종으로 적합한 품종이다. 제다 후 적성은 형태, 향, 맛, 등 모두 양호하여 우리나라 기

참녹 차나무

호성 차 품종으로 적합한 품종이다.

(4) 선향

1993년 구례군 토지면에서 수집하여 보성 57호로 육성하여 등록한 품종이며 중생종으로 덖음차에 적당하다. 수세는 강건하고 직립이며 절간장이 길고 분지수가 많다. 성엽은 타원형이고 잎이 약간 작으며 잎은 광택이 있다. 신아는 약간 크며 수량은 야부기다 보다 약간 많다. 내한성이 강하며 탄저병과 겹둥근무늬병에 강한 편이다. 품질은 수색이 좋고 향은 온화한 편이다.

(5) 미향

1993년 장흥군 유치면에서 수집하여 보성 100호로 육성하여 등록한 품종이며 중생종으로 찐차, 가루차용으로 적당하다. 수세는 강건하고 직립이며 절간장이 길고 분지수가 많다. 성엽은 장타원형이고 잎이 약간 크며 잎은 황녹색의 광택이 있다. 신아는 약간 크며 수량은 야부기다 보다 약간 많다. 내한성이 강하며 탄저병과 겹둥근무늬병에 강한 편이다. 품질은 수색이 좋고 향은 온화한 편으로 독특한 품종이다.

제21송 소이(蘇廙)의 『십육탕품(十六湯品)』 [114]

소이의 십육탕품은 옥차법(沃茶法)에 대한 탕 끓이기이다. 송나라 점차법의 모태로 전 시대, 곧 오대(五代, 907~960)의 영향을 받고 있다. 당시의 차 문화

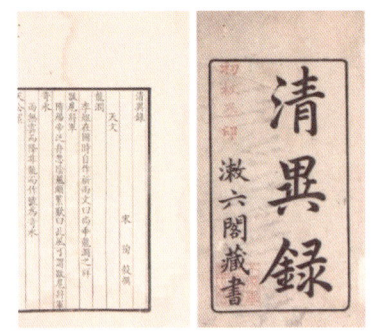

도곡(陶穀)의 『청이록(淸異錄)』

를 기록하고 있는 소이(蘇廙)의 『십육탕품(十六湯品)』에 포법을 아래와 같이 기술하고 있다.

"거문고를 탈 때 소리의 강약을 조절하지 못하면 곧 거문고 가락은 망치게 되고 먹을 갈 때 힘이 집중되지 않으면 곧 먹을 버리게 되니 이와 같은 이치로 탕을 따를 때도 절도가 없으면 곧 차는 실패하게 되는 것이다. 따라서 차탕을 따를 때 중정(中正)을 얻기 위해서는 팔에 그 책임이 있다고 할 수 있다."115

차 가루를 푸는 도구 없이 오직 탕병의 주구(注口)를 통해 흘러나오는 물줄기의 강약(强弱)을 팔의 힘을 통해 조절하여 풀어 마시는 것을 후세에 들어와 '옥차법(沃茶法)'이라 부르고 있다. 그 이유는 제12탕 법률탕(法律湯)에 "오직 옥차의 경우에는 숯이 아니면 안 된다." 116라는 구절 중 '옥차(沃茶)'라는 단어를 취하여 명명한 것에서 비롯되었다. '옥차법'은 역대의 음차(飮茶) 변천사에 있어 당나라 육우(陸羽)의 『다경(茶經)』에서 언급한 찻가루를 솥에 끓여 마시는 자차법(煮茶法)과 송나라에 들어와 찻가루를 찻잔에 넣어 차솔인 차선(茶筅)을 통해 풀어 마시는 점차법(點茶法)과 확연히 다른 점차법의 전 단계의 음차법이다. 비록 과도기의 형태로 짧은 기간 동안 사용되었으나 독립된 말차법의 하나로 학문적 가치가 매우 높으며 후일 송나라 점차법의 모태가 되는 음차법이기도 하다.

동다송에서 초의선사는 이 십육탕품에서 수벽탕과 백수탕을 인용하였다. 십육탕품 저서의 원명은 탕품(湯品)인데 16종류로 나누어서 써 놓았기 때문에 16탕품이라고 한다.

다도진의_

소이는 십육탕품에서 물 끓이기를 가장 중요시하고 있다. 끓인 물[湯]은 차의 목숨을 맡는 것이다. 아무리 이름난 차라도 끓인 물을 함부로 한다면 평범한 찻가루와 다를 바가 없다고 했다.

(1) 오대의 옥차법(沃茶法)

① 가마솥[釜]에 끓인 물을 작은 탕병(湯瓶)에 붓는다.

② 찻잔에 2전의 찻가루를 넣는다.

③ 찻가루에 물을 조금 부어 고(膏)를 만든다.

④ 차고에 탕병의 물을 찻잔 가장자리에 6부가 되도록 붓는다.

⑤ 탕병의 주구를 통해 나오는 물줄기의 완급을 조절하여 차고(茶膏)에 물이 잘 융합되도록 해서 마신다.

1) 탕 끓이는 정도에 따른 삼품[117]

● 제1탕 득일탕(得一湯)

불의 효과가 적평(適評)하며 적부족(適不足)이 없어야 한다. 즉 기울지 않아야하는 것이다. 불의 공이 쌓이고 물의 성품이 다하여 말[斗] 속의 쌀과 같고 저울 위에 올려진 물고기와 같이 높낮이가 평평하여 지나침도 부족함도 없는 一자의 모양처럼 치우치거나 섞이지 않은 상태를 말한다. 하늘은 하나를 얻음으로써 맑아지고 땅은 하나를 얻음으로써 편안하다 끓인 물은 하나를 얻어서 끓인 물의 공을 세울 수가 있다. 득일탕(得一湯)은 십육탕품 중에서 가장 중요하고 중심이 되는 탕이다.

● 제2탕 영탕(嬰湯)[118]

나무가 타기 시작해서 솥에 탕이 겨우 끓기 시작했는데 성급히 차를 넣었다가 곧 기울이는 것은 웃지도 못하는 어린이에게 장부가 하는 일을 시키는 것과 같다.

● 제3탕 백수탕(百壽湯)

사람이 오랫동안 숨을 쉬고 살았듯이 백수탕은 물이 지나치게 오래 끓어서 물의 본성을 잃어버린 탕이다. 이야기하느라 방해받고 혹은 일 때문에 망친 물을 취해서 사용하면 그 탕은 이미 진성을 잃어버린 것이다.

귀밑머리가 하얗게 센 늙은이가 젊은이로 돌아가 활을 잡고 화살을 쏘아 적중하며 씩씩하게 오르고 활보하며 먼 곳까지 갈 수 있겠는가? 육우도 경계하였던 지나치게 끓어 늙어버린 등파고랑(騰波鼓浪)이 지속된 물이다.

2) 물 따르는 완급에 따라 삼품

● 제4탕 중탕(中湯)

거문고 타는 사람을 보라, 소리가 속으로 합치면 묘(妙)를 얻는다. 또한 먹 가는 사람을 보라, 힘이 속에서 합치면 진해진다. 소리에 느리기와 빠르기가 있으면 거문고는 망하고, 힘에 느리기와 빠르기가 있으면 먹은 망하며, 탕을 따르는데 완급(緩急)이 생기면 차는 버리게 된다. 끓인 물의 중용을 바라면 팔이 그 책임을 맡는다.

다도진의_

● 제5탕 단맥탕(斷脈湯)

차가 이미 반죽이 되었거든 조화로써 그 모양을 이루어야 알맞다. 만약 손이 떨리고 팔뚝이 휘늘어져 오직 끓인 물이 지나치게 따라지는 것을 꺼려서 탕병(湯餠) 부리의 끝이 있는 것도 같고 없는 것도 같으면 끓인 물이 순하게 통하지를 않으니 차는 가지런하게 섞이지 않는다. 차를 따르는데 사람의 백가지 맥(脈)이 기복(起伏) 하는 것처럼 하거나 기혈(氣血)이 단절되면 장수(長壽)할 수 없다. 차는 골고루 한결같이 따라야 한다.

● 제6탕 대장탕(大壯湯)

장사(壯士)가 바느질을 하거나 농부(農夫)가 붓을 쥐면 성공하기 힘든 것은 거칠기 때문이다. 한 사발의 차는 많아도 이전(二錢)을 넘어서는 안 되고 찻잔에 담긴 수량이 알맞으면 끓인 물 붓기는 육부 정도에 지나지 않는다. 만약 쏟을 듯이 넘치게 따르면 차는 도망하고 만다.

3) 찻그릇에서의 오품

● 제7탕 부귀탕(富貴湯)

금이나 은을 탕기(湯器)로 쓰는 것은 오직 부자들만이 할 수 있는 일이다. 따라서 공을 드러내고 탕업을 세우기란 빈천한 사람으로서는 이룰 수 없는 일이다. 탕기를 금과 은으로 만드는 것은 거문고를 만드는 데 오동나무를 쓰고 먹을 만드는 데 아교를 쓰는 것과 같다.

● 제8탕 수벽탕(秀碧湯)

돌은 하늘과 땅의 빼어난 기운을 울궈 내어 마시는 것이다. 이런 돌을 다듬어 탕관을 만들면 천지의 정기가 여전히 남아 있으니 끓인 물이 좋지 않을 수 없다고 했다. 탕관으로는 금이나 은으로 만든 부귀탕이 제일 좋고, 다음이 돌로 만든 수벽탕, 다음이 도자기나 유리 금속류이다.

● 제9탕 압일탕(壓一湯)[119]

금이나 은이 좋으나 손에 넣을 수 없고 동과 철은 싸지만 좋지 못하니 자기(磁器)가 마땅하다. 유현(遊絃)한 선비나 속세를 떠난 처사(處士)에게 적합하다. 그러나 진기한 것을 자랑하고 호화스러운 것을 발보이는 냄새가 진동한 공자(公子)에게 무지를 깨우칠 수는 없는 노릇이다.

● 제10탕 전구탕(纏口湯)

속세의 속물들이 어찌 다기를 선택하리오. 그들은 동(銅), 철(鐵), 납(鉛), 백철[錫] 등 아무거나 쓰면 된다. 이런 것들로 탕을 해서 마시면 쓰고 떫은 악취가 풍기느니라.

● 제11탕 감가탕(減價湯)

유약을 바르지 않은 토기는 물이 스며들어 흙내가 난다. 다기로 토기를 쓰면 발이 부러진 말을 타고 높은 곳에 오르려는 소치임을 알라.

4) 땔감에 따라 오품

● 제12탕 법률탕(法律湯)

무슨 나무든지 탕을 끓일 수 있다. 그러나 옥차의 경우에는 숯이 아니면 안 된다. 물은 정지하는 것을 싫어하고 나무는 연기나는 것을 싫어한다. 이 법을 어기면 탕은 어긋나고 차는 실성(失性)한다.

● 제13탕 일면탕(一面湯)

풀을 불사른 잿불이나 나무를 태워 버린 찌거기불(허탄)은 기운이 약해서 탕이 언제나 부드럽게 되고 좋지 않다. 숯은 탕의 좋은 벗이다.

● 제14탕 소인탕(宵人湯)

차는 본시 영초이어서 오기가 섞이면 그 품성을 떨어뜨린다. 분화는 화력은 좋지만 악성이 남아 있어서 향미를 잃는다.

● 제15탕 적탕(賊湯)

대나무와 솜대의 가지로 탕을 하면 잘 타지만 근본적인 성미가 약하고 체성이 본시 허약하여 중화를 잃어 차의 적이 된다

● 제16탕 대마탕(大魔湯)

차를 끓이는 것은 탕의 선악에 좌우된다. 탕은 연기를 싫어한다.

제24송 구난(九難) 과 사향(四香)

(제24송) 또 차에는 아홉 가지 어려움(九難)과

네 가지 향기(四香)의 현묘함이 있다.

又有 九難 四香 玄妙用

　구난(九難)의 아홉 가지 어려움(九難)은 채다(採茶)에서 음다에 이르기까지 차를 다루는 데 있어서 소홀히해서는 안 되는 중요한 요체인 아홉 가지를 말한다. 이 내용은 다경(茶經)의 육지음(六之飮)에 있는 내용으로 당나라 때 유행하는 병차를 다루는 방법이다. 그리고 사향(四香)이란 차의 네 가지 좋은 향기인 진향(眞香), 난향(蘭香), 청향(淸香), 순향(純香)을 말한다.

　아홉 가지 어려움은 첫째 차 만들기[造], 둘째 차의 품질을 분별하는 것[別], 셋째 찻그릇[器], 넷째 불[火], 다섯째 차에 쓰이는 물[水], 여섯째 차를 굽는 일[炙], 일곱째 차 가루[末] 내는 일, 여덟째 차 끓이는 [煮]법, 아홉째 차를 마시는 것[飮][120]이다. 이렇듯 구난(九難)은 금기사항을 적어 놓은 것이며 차생활의 난제들이다.

1) 구난 사향((九難 四香)[121]

　첫째, 차를 만드는 어려움으로, 흐린 날에 찻잎을 따서 밤중에 차를 만드는 것은 차를 만드는 방법이 아니다(陰采夜焙 非造也).

　둘째, 차를 감별하는 어려움으로, 차를 씹어서 맛을 보거나 냄새를 맡아서

다도진의

감별하는 것은 올바른 감별법이 아니다(嚼味嗅香 非別也).

셋째, 그릇을 고르는 어려움인데, 노린내 나는 솥이나 비린내 나는 찻잔은 좋은 그릇이 아니다(羶鼎腥甌 非器也).

넷째, 불을 다루는 어려움을 말하는데 진이 있는 나무나 부엌에서 쓰던 목탄은 차를 끓이는 연료로 적당하지 않다.(膏薪庖炭 非火也).

다섯째, 좋은 물을 고르는 어려움을 말하는데 급하게 굽이치는 물이나 고인 물은 찻물로 적당하지 않다(飛湍壅潦 非水也).

적차(炙茶)

여섯째, 차를 굽는 일인데 적차(炙茶)시 병차의 겉만 익고 속은 익지 않는 것은 제대로 구운 것이라 할 수 없다(外熟內生 非炙也).

일곱째, 차를 가루로 만드는 일인데 푸른 가루나 옥색 티끌처럼 가루를 내는 것은 옳은 방법이 아니다(碧粉飄塵 非末也).

여덟째, 차를 끓이는 일인데 서툰 솜씨로 휘젓거나 손놀림이 급한 것은 제대로 끓이는 법도가 아니다(操艱攪遽 非煮也).

아홉째, 차를 마시는 일인데 여름에는 마시고 겨울에는 마시지 않는 것은 차를 마시는 법이 아니다(夏興冬廢 非飮也).

이상이 차를 다루는 데 있어서 소홀히 해서는 안 되는 중요한 요체인 아홉 가지 어려움이다.

(1) 당(唐) 대의 병차 제다 공정

육우는 다경 삼지조(三之造)에서 병차 가공 과정을 칠경목(七經目)이라 하여 7단계로 설명하고 있다.

① 채차(採茶) : 음력 2~4월의 맑고 구름 없는 날, 자순(紫筍)과 녹아(綠芽)를 따서 영(籯-대바구니)에 담는다. 『다경』에서 채다(採茶) 할 찻잎은 초차(草茶)의 차순(茶筍)과 목차(木茶)의 차싹(茶芽) 두 가지가 있는데, 자줏빛 나는 자순(紫筍)이 으뜸이고, 초록빛의 싹인 녹아(綠芽)가 다음이다.

② 증차(蒸茶) : 채적한 찻잎을 시루 안에 찻잎이 담긴 작은바구니[箄]째로 넣고 증기를 이용하여 고온단시간에 쪄서 익힌다. 그리고 곡목지삼아(穀木枝三椏)로 찻잎을 흩트려 젖는다.

③ 도차(搗茶) : 시루에서 쪄낸 찻잎을 식기 전에 절구통(臼)에 넣고 절굿공이[杵]로 찧는다.

④ 박차(拍茶) : 기름먹인 비단을 깐 받침대 위에 동그라미, 네모 꽃모양의 쇠틀을 올려놓고 절구에서 찧은 찻잎을 쇠틀에 넣고 손가락으로 압력을 가해 찍어낸다.

⑤ 배차(焙茶) : 틀에서 박아낸 병차를 손잡이가 달린 대발 위에 널어서 1차로 말린다.

⑥ 천차(穿茶) : 건조된 차의 중간에 나무송곳으로 구멍을 뚫고, 닥나무 껍질을 꼬아서 만든 꿰미에 꿴다.

⑦ 봉차(封茶) : 배로 위에서 쬐어 말린 차를 장육기(藏育器)에 넣어 숙성 저장 시킨다.

(2) 병차(餅茶) 음용 방법

① 병차굽기 : 장육기에서 꺼낸 떡차를 대집게나 쇠집게에 끼워서 불에 쬐어 굽는다.

② 발향방지 : 차가 두꺼비 등처럼 부풀어 오르면 지낭에 넣어서 향기의 발산을 막는다.

③ 가루내기 : 차가 식으면 쪼개어 나무연으로 가루를 낸다.

④ 체질과 보관 : 나무연으로 갈아낸 찻가루를 체질하여 나합에 담아 보관한다.

⑤ 물 끓이기 : 표주박으로 물통의 물을 떠내어 풍로에 얹은 솥에 붓고 끓인다.

⑥ 소금넣기 : 일비(一沸, 魚目) 때 솥바닥에 물고기의 눈과 같은 기포가 생기고 어슴푸레하게 끓는 소리가 나면, 흑운모를 제거하고 소금을 넣는다.

⑦ 이비(二沸, 湧泉連珠) 때 샘물처럼 솟구쳐서 구슬 같은 기포가 이어지면 표주박으로 솥에서 끓는 물을 한바가지 떠내어 숙우에 담는다.

⑧ 차 넣기 : 죽협(대젓가락)으로 끓는 물의 중앙을 휘저으면서 물600ml에 가루차 1방촌비(약10g)의 비율로 끓는 물의 중심에 넣는다.

⑨ 삼비(三沸, 騰波鼓浪) 때는 물결이 튀어 오르고 북소리가 나면 숙우에 떠 놓은 물을 찻솥에 붓고 끓는 물의 세력을 가라앉히면 차의 거품이 삼층으로 형성된다. 차솥 바닥에 깔린 크고 두터운 거품을 발(餑)이라 하고, 중간에 작고 엷은 거품을 말(沫)이라고 하며, 상층에 뜨는 미세하고

월주요 청자완(절강성 박물관 소장)

가벼운 거품을 화(華)라 한다.

⑩ 차 마시기: 표주박으로 제일 먼저 떠낸 차탕은 말발의 양이 가장 많은 차탕으로 육우는 이를 준영(雋永)이라 하고 찻물의 가장 으뜸으로 여겼다. 찻물의 빛깔은 담황색이고 향기는 지극히 아름답고 뛰어나다. 그리고 청자완에 담아 차의 색이 녹색이 발현되도록 하고, 뜨거울 때에 잇달아 세 잔의 말발을 마신다.

2) 우리 전통 떡차(傳統茶)

우리의 전통차인 떡차는 당나라 시대에 중국에서 성행했던 차로 그 시대의 대표적인 차(茶)이다. 최초 당나라에서 유입되어 삼국 시대 때부터 근세인 1940년대까지 장흥, 남해안 지방에서 존재했었던 차이기도 하다. 청태전, 돈차, 떡차, 관차, 강차라고 불렸으며, 저장과 이동이 편하며 후발효되어 차맛이 우수하다고 하였고 고려 때에는 뇌원차(腦原茶), 유차(乳茶), 청태전(靑台錢) 등으로 불렸다.

떡차 끓이기

(1) 우리 떡차 제다 과정

① 찻잎 따기 : 청명한 날, 이슬이 마르기전 찻잎을 1창 2기 또는 1창 3기 상태로 채취하고 선별 한다

② 찻잎 찌기 : 가마솥에 물이 100℃로 끓으면, 삼베 보자기에 담은 찻잎을

다도진의

가마솥의 채반위로 빠르게 옮긴다 가마솥 뚜껑을 닫고 고온으로 단시간에 쪄내야 하는데, 그 시점은 찻잎량에 따라 다르지만 차향이 가마솥 밖으로 퍼져 나올 때 솥뚜껑을 연다.

③ 찧기 : 잘 익은 청색의 찻잎을 꺼내어 절구통에 넣고, 찧을 때는 금속재질이 아닌 돌절구에 넣고 나무공이로 찧는다.

④ 성형 : 잘 찧은 차를 나무틀에 넣고 모양에 따라 손가락으로 압력을 가해 가면서 떡차를 찍어 낸다.

⑤ 건조 : 틀에 찍어낸 떡차는 서로 붙지 않게 나열하여서 1차 건조 과정을 거친다.

⑥ 구멍뚫기 : 완성된 떡차에 휴대와 보관을 위해 떡차 중앙에 대나무로 만든 바늘로 구멍 뚫기를 한다.

⑦ 건조 및 발효 : 마지막으로 통풍이 잘 되는 실내에서 건조, 발효, 저장을 통하여 색, 향, 미(味)를 증진 시킨다.[122]

(2) 떡차의 제다방법

| 수확 | 찌기 | 찧기 | 성형 | 발효 및 건조 |

농촌진흥원 2018년 보도자료

(3) 원대의 증청산차

원나라 시대는 송대의 점다법에서 명대의 포다법으로 옮겨가는 전환시대였다. 원대는 그 역사가 짧고 송대만큼 차가 성행하지 못했다. 다만 송대의 편차와 산차가 계속 이어져 왔으며, 공차제도와 차마무역도 지속되었다. 원대 차문화에 대해 알 수 있는 자료는 송대에 비하면 아주 미약한 편이고, 차 관련 문헌도 다서(茶書)가 아닌 농서에 나타나고 있다. 원대 왕정(王禎)은 『농서 · 권십 · 백곡보(農書 · 卷十 · 百穀譜)』 중에 당시의 증청산차를 만드는 제다공정에 대해 구체적으로 기록하고 있다.

(4) 증청산차의 제다 공정

증청산차의 제다 방법은 채다(採茶)− 증제(蒸第)− 건조− 유념− 건조의 공정으로 구성되어 있는데, 그 공정은, ① 채취한 찻잎을 찔 때는 반 정도 익을 때까지 찐다. ② 그런 다음 바구니에 겹치지 않도록 얇게 펴서 늘어놓고, 습기가 있는 채로 부드러워질 때까지 유념을 한다. ③ 그 후 불을 고르게 쬐어 말리는데 타지 않도록 건조시킨다. 엮은 대나무를 왕골로 싸서 불 위에 걸어 놓는다. 이것으로 불기를 억제 한다.

(5) 원대의 음다법

원대의 음다법은 끓여 마시는 점에서는 당대의 전다법과 같지만, 당대처럼 차를 가루 낸 것이 아니라 잎차를 사용했다는 측면에서 그 차이가 있다. 또 원대의 전다법은 명대의 포다법처럼 우려 마시는 방법이 아니라, 잎차를 사용한다는 점에서는 동일하지만, 탕관에 끓이는 방법을 사용했다는 측면에서 다르다. 즉 찻잎을 넣고 오래 달이는 것이 아니라 끓인 물에 차를 넣고 잠시만 더 끓여서 마셨다.

다도진의_

제30송 노옥천(盧玉川)의 다가(茶歌)[123]

노옥천의 다가(茶歌)는 당나라 때 차 마시는 풍습을 확산시키는데 크게 공헌 하였으며, 현대까지도 가장 즐겨 읊는 차시이다.

1) 주필사맹간의신차(走筆謝孟諫議新茶)

당(唐)나라의 노동(盧仝, 775~835)이 쓴 「맹간의가 보내준 새 차에 감사하며 급히 쓰다」이다.

> 해가 다섯 길이나 높이 뜨도록 잠에 빠져 있는데
> 군의 장교가 문을 두드리니 놀라서 꿈을 깨었네.
> 맹간의가 보낸 서신이라고 말하는데
> 흰 명주에 비스듬히 삼도인을 찍어 봉하였네
> 봉함 여니 맹간의 얼굴 마주 대하는 듯하고
> 손으로 헤아리니 월단(月團)이 삼백 편이네
> 듣건데 새해에 산속에 들어가면
> 동면하던 벌레들 봄바람 일어 놀라 깨고
> 천자께서 아직 양선차를 맛보지 못해
> 온갖 풀들은 감히 먼저 꽃을 피우지 못하네
> 좋은 바람에 어느새 구슬 같은 꽃봉오리 맺어

이른 봄 황금빛 싹을 내민다네

신선한 찻잎을 덖어 향기롭게 말려 싸서 봉하니

지극히 정성스럽고 좋은 것은 배었지만 사치는 아니라네

천자께서 드시고 남은 것은 응당 왕공에게 내리는 것인데

어쩐 일로 산사람의 집까지 이르렀는가

사립문 닫아걸고 속세의 손님 없이

사모 쓰고 몸소 끓여 마신 다네

푸른 구름은 바람에 끌려 끊임없이 피어나고

흰 유화 잔면에 엉기어 윤기 흐르네.[124]

2) 노동(盧仝)의 칠완다가(七碗茶歌)[125]

첫째 잔은 목과 입술 적시고

둘째 잔은 외로운 번민 씻어주네.

셋째 잔은 메마른 창자 적시니

오직 문자 오천 권이 있을 뿐.

넷째 잔은 가벼운 땀 솟아

평생의 불평들이

모두 땀구멍으로 흩어지네.

다섯째 잔은 살과 뼈를 깨끗하게 하고

여섯째 잔은 선령과 통하였다네.

일곱째 잔은 채 마시지도 않았건만

오직 두 겨드랑이에 맑은 바람 솔솔 일어남을 알리니

아 봉래산은 어디인가?

옥천자는 이 맑은 바람 타고 돌아가려 하네!

산 위의 신선들이 아래 세상에 살고 있지만

지위가 맑고 높아 비바람과는 거리가 머니

어찌 수많은 백성들의 생명이

벼랑으로 내몰려 고통 받는 것을 알 수 있겠는가.

문득 맹간의에게 백성들의 일을 묻고자 하니

마침내는 다시 쉴 수 있는 날이 오겠는가.

　　노동(盧仝, 795~835)은 호가 옥천(盧玉川)이며, 그는 평생 차를 사랑했으며, 당나라 때의 유명한 시인이다.

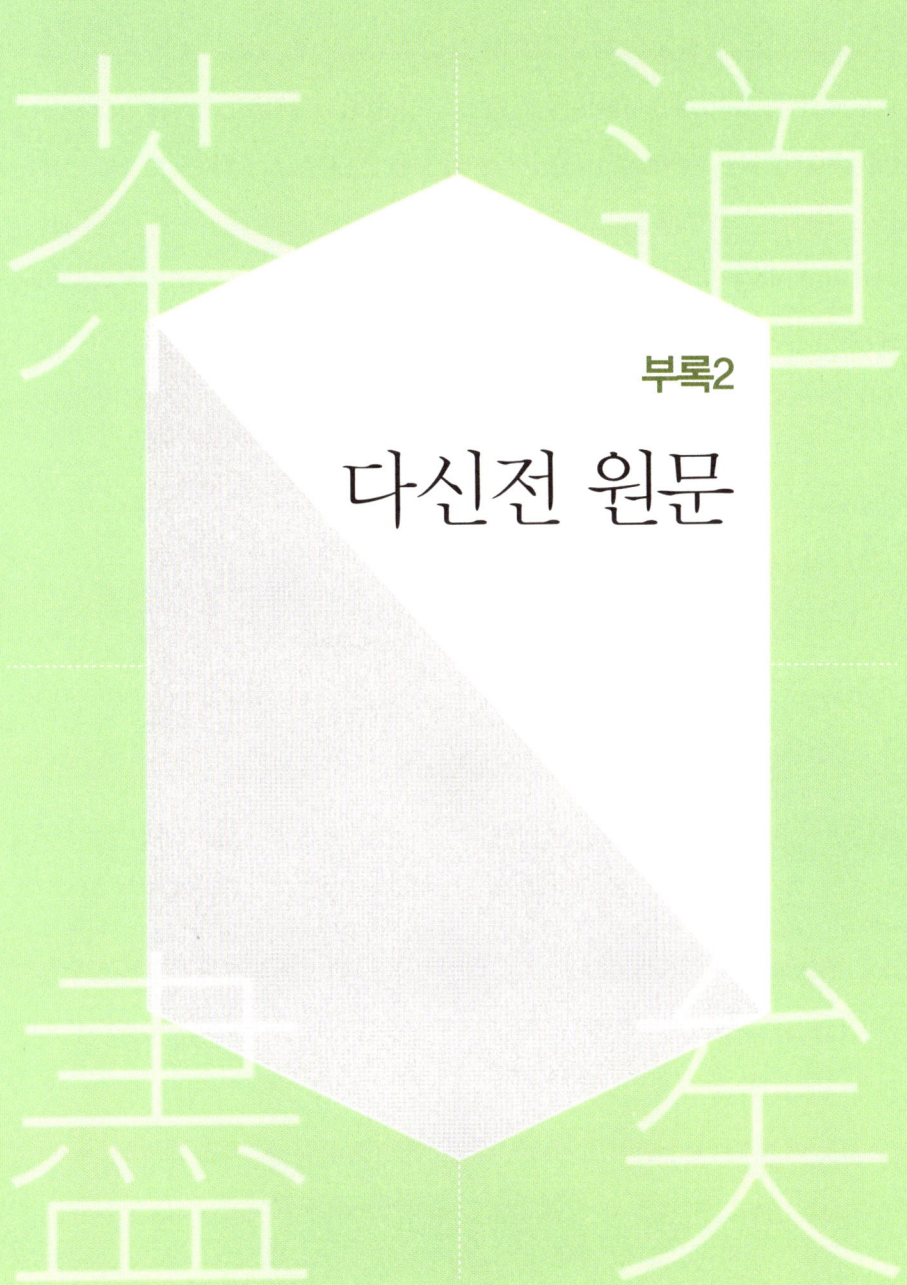

부록2

다신전 원문

茶神傳原文-抄出 萬寶殿書

1. 採茶論
採茶之候 貴及其時 太早則 香不全 遲則神散

以穀雨前五日 爲上 後五日 次之 再五日 又次之

茶非紫者 爲上 而皺者 次之 團葉者 次之 光而如篠葉者 最下

徹夜無雲 浥露採者爲上 日中採者次之 陰雨下不宜採

産谷中者 爲上 竹林下者次之 爛石中者又次之 黃砂中又次之

2. 造茶
新採 揀去老葉及枝梗碎屑 鍋廣二尺四寸 將茶一斤半 焙之

候鍋極熱 始下茶急炒 火不可緩

待熱方退火 徹入筬中 輕團枷數遍 復下鍋中 漸漸減火 焙乾爲度

中有玄微 難以言顯 火候均停 色香美 玄微末究 神味俱妙

3. 辨茶
茶之妙 在乎始造之精 藏之得法 泡之得宜 優劣

宜乎始鍋 清濁 係水火

火烈香淸 鍋乘神倦 火猛生焦 柴疎失翠 久延則過熟 早起郤辺生 熟則犯黃 生則著黑

順那則甘 逆那則澁 帶白點者 無妨 絶焦者 最勝

4. 藏茶

造茶始乾 先盛舊盒中 外以紙封口 過三日 俟其性復

復以微火焙極乾 待冷貯壜中

輕輕築實 以箬襯緊 將花筍箬及紙 數重封繫壜口

上以火煨甎冷 定壓之 置茶育中 切勿臨風近火 臨風易冷 近火先黃

5. 火候

烹茶旨要 火候爲先

爐火通紅 茶瓢始上 扇起要輕疾 待有聲 稍稍重疾

斯文武之候也

過於文則水性柔 柔則爲茶降 過於武則火性烈 烈則茶爲水制

皆不足於中和 非烹家要旨也

6. 湯辨

湯有三大辨 十五小辨

一曰形辨 二曰聲辨 三曰氣辨 形爲內辨 聲爲外辨 氣爲捷辨

如蟹眼 蝦眼 魚眼 連珠 皆爲萌湯

直如湧沸 如騰波鼓浪 水氣全消 方是純熟

如初聲 轉聲 振聲 驟聲 皆爲萌湯 直至無聲 方是結熟

如氣浮一縷 浮二縷 三四縷 亂不分 氤氳亂縷 皆爲萌湯

直至氣直沖貫 方是經熟

7. 湯用老嫩

蔡君謨 湯用嫩而 不用老

蓋因古人製茶 造則必碾 碾則必磨 磨則必羅則味 爲飄塵飛粉矣

於是和劑 印作龍團

則見湯而茶神硬浮 此用嫩而不用老也

今時製茶 不假羅磨 全具元體 此湯須純熟 茶神始發也

故曰 湯須五沸 茶奏三奇

8. 泡法

探湯純熟 便取起

先注少許壺中 祛湯冷氣 傾出然後投茶 葉多寡宜酌 不可過中失正

茶重則味苦香沈 水勝則色淸味寡

兩壺後 又用冷水蕩滌 使壺涼潔 不則減茶香矣

礶熱則茶神不健 壺淸水性當靈

稍俟茶水沖和 然後冷醴布飲 醴不宜早 飲不宜遲

早則茶神未發 遲則 妙馥先消

9. 投茶

投茶行序 毋失其宜

先茶湯後 曰下投 湯半下茶 復以湯滿 曰中投 先湯後茶 曰上投

春秋中投 夏上投 冬下投

10. 飮茶

飮茶以客 少爲貴

客衆則喧 喧則雅趣乏矣

獨啜曰神 二客曰勝 三四曰趣 五六曰泛 七八曰施

11. 香

茶有眞香 有蘭香 有淸香 有純香

表裏如一 曰純香 不生不熟 曰淸香 火候均停 曰蘭香 雨前神具 曰眞香 更有含香

漏浮香 間香 此皆不正之氣

12. 色

茶以淸翠爲勝 濤以藍白爲佳

黃黑紅昏 俱不入品

雲濤爲上 翠濤爲中 黃濤爲下

新泉活火 煮茗玄工 玉茗水濤 當杯絶技

13. 味

味以甘潤爲上 苦滯爲下

14. 點染失眞

茶自有眞香 有眞色 有眞味 一經點染 便失其眞

如水中着鹹 茶中着料 碗中着薑 皆失眞也

15. 茶變不可用

茶始造則 靑翠

收藏 不得其法

一變至綠 再變至黃 三變至黑 四變至白

食之則寒胃 其至瘠氣成積

16. 品泉

茶者 水之神 水者 茶之體

非眞水 莫顯其神 非精茶 莫窺其體

山頂泉 淸而輕 水下泉 淸而重 石中泉 淸而甘 砂中泉 淸而洌

土中泉 淡而白

流於 黃石爲佳 瀉出靑石無用

流動者 愈於安靜 負陰者 眞於陽

眞原無味 眞水無香

17. 井水不宜茶

茶經云 山水上 江水下 井水最下矣

第一方 不近山 卒無泉水 惟當春積梅雨

其味甘和 乃長養萬物之水

雪水雖淸 性感重陰 寒入脾胃 不宜多積

18. 貯水

貯水甕 須置陰庭中 覆以紗帛 使承星露之氣 則英靈不散 神氣常存

假令壓之以木石 封以紙箬 曝于日下 則外耗散神 內閉其氣 水神弊矣

飮茶 惟貴 夫茶鮮水靈 茶失其鮮 水失其靈 則與溝渠何異

19. 茶具

桑苧翁 煮茶 用銀瓢 調過於奢侈 後用磁器 又不能耐久 卒歸於銀

愚意 銀者 貯朱樓華屋 若山茅齋舍 惟用錫瓢 亦無損於色味也

銅鐵忌之

20. 茶盞

盞 以雪白者 爲上 藍白者 不損茶色 次之

21. 拭盞布

飮茶前後 俱用細麻布 拭盞 其他物 穢不堪用

22. 茶衛

造時精 藏時燥 泡時潔 精 燥 潔 茶道盡矣

茶神傳跋文

戊子雨際, 隨師於方丈山 七佛亞院謄抄下來 更欲正書 而因病未果

修洪沙彌 在侍者房 欲知茶道, 正抄亦病未終

故禪餘强命管城子 成終 有始有終何獨君子爲之

叢林或有趙州風 而盡不知茶道 故抄 示可畏

庚寅仲春 休庵病禪 雪窓擁爐 謹書

동다송 원문

東茶松 原文

標 題

東茶松 承 海道人命作

艸衣沙門意恂

后皇嘉樹 配橘德　受命不遷生南國

密葉鬪霰貫冬靑　素花濯霜發秋榮

姑射仙子粉肌潔　閻浮檀金芳心結

註

茶樹如瓜蘆 葉如梔子‧ 花如白薔薇 心黃如金 當秋開花 淸香隱然云

沆瀣漱淸 碧玉條 朝霞含潤 翠禽舌

註

李白云

荊州玉泉寺 靑溪諸山 有茗艸羅生 枝葉如碧玉 玉泉眞公常采飮

天仙人鬼 俱愛重 知爾爲物 誠奇絶　炎帝曾嘗 載食經

註

炎帝 食經云

茶茗久服　令人有力悅志

醍醐 甘露 舊傳名

註

王子尙詣 雲齋道人 于八公山 道人說茶茗 子尙 味之曰 此甘露也

羅大經 瀹湯詩 松風檜雨 到來初 急引銅瓶 離竹爐 待得聲 聞俱寂

後 一甌春雪 勝醍醐

解醒少眠證周聖

註

爾雅 檟 苦茶 廣雅 荊巴間 采葉其飮 醒酒 令人少眠

脫粟伴菜 聞齊嬰

註

晏子春秋 嬰相齊景公時 食脫粟飯 炙三戈 五卵 茗菜而已

虞洪薦犧 乞丹邱　毛仙示叢引秦精

註

神異記 餘姚虞洪 入山採茗 遇一道士 牽三靑牛 引洪至 布瀑山 曰

予 丹邱子也 聞 子善具飮 常思見 惠山 中有大茗 可相給

祈子他日 有甌犧 之餘 乞相遺也 因奠祀後 入山常獲大茗

宣城人秦精 入武昌山中採茗 遇一毛人 長丈餘 引精至山下

示以藂 茗而去 俄而復還 乃探懷中橘 以遺精 精怖負茗而歸

潛壤不惜 謝萬錢

註

異苑 剡縣陳務妻 少與二子寡居 好飲茶茗 宅中有古塚 每飲輒先祀之

二子曰 古塚何知 徒勞人意 欲堀去之 母禁而止 其夜夢一人云

吾止此三百年餘 卿子常欲見毀 賴相保護 反享佳茗 雖潛壤朽骨

豈忘翳桑之報 及曉於庭中 獲錢十萬

鼎食獨稱冠六情

註

長孟陽 登樓詩 鼎食隨時進 百和妙且殊 芳茶冠六淸 溢味播九區

開皇 醫腦 傳異事

註

隋文帝 微時夢 神易其腦骨 自爾痛 忽遇一僧云 山中茗草可治

帝服之有效 於是天下 始知飲茶

雷莢茸香取次生

註

唐 覺林寺僧 志崇 製茶三品 驚莢自奉 萱草帶供佛 柴茸香待客云

巨唐尙食 羞百珍 沁園 唯獨 記紫英

註

唐 德宗 每賜同昌公主饌 其茶有 綠花紫英之號

法製頭綱 從此盛 淸賢名士 誇雋永

註

茶經 稱茶味 雋永

綵莊龍鳳 轉巧麗 費盡萬金 成百餠

註

大小龍鳳團始於丁謂 成於蔡君謨 以香藥合而成餠 餠上飾以龍鳳紋

供御者 以金莊成 東坡詩 紫金百餠費萬錢

誰知自饒 眞色香 一經點染 失眞性

註

萬寶全書 茶自有 眞香眞味眞色 一經他物點染 便失其眞

道人雅欲 全其嘉 曾向蒙頂 手栽那

養得五斤 獻君王 吉祥蘂與聖楊花

註

傅大士 自住蒙頂結庵 種茶凡三年 得絶嘉者 號聖楊花 吉祥蘂

共五斤持歸 供獻

다도진의_

雪花 雲腴爭芳烈 雙井日注喧江浙

註

東坡詩 雪花雨脚 何足道 山谷詩 我家江南採雲腴 東坡至僧院

僧梵英葺治堂宇 嚴潔 茗飲芳烈 問 此新茶耶 英曰 茶性

新舊交則香味復 草茶成兩浙 而兩浙之茶品 日注爲第一

自景祐以來 洪州雙井, 白芽漸盛 近世製作尤精 其品遠出 日注之上 遂爲草茶第一

建陽丹山 碧水鄕 品製特尊 雲澗月

註

逈齋閑覽 建安茶 爲天下第一 孫樵 送茶 焦丹部曰

晚甘候十五人遣 侍齋閣 此徒乘雷而摘 拜水而和 盖建陽丹山 碧水之鄕

月澗雲龕之品 愼勿賤用 晚甘候 茶名

茶山先生 乞茗疏 朝華始起 浮雲晶晶於晴天 午睡初醒

明月離離於碧澗

東國所産元相同 色香氣味論一功

陸安之味蒙山藥 古人高判兼兩宗

註

東茶記云 或疑東茶之效 不及越産 以余觀之 色香氣味 少無差異

茶書云 陸安茶以味勝 蒙山茶以藥勝 東茶盖兼之矣 若有李贊皇陸

子羽 其人 必以余言爲然也

還童振枯 神驗速 八耋顔如 天桃紅

註

李白云 玉泉眞公年八十 顔色如桃李 此茗香清 異于他 所以能還童
振枯而令 人長壽也

我有乳泉 把成秀碧 百壽湯 何以持歸 木覓山前獻海翁

註

唐蘇廙著 十六湯品 第三曰 百壽湯 人過百息 水逾十沸 或以話阻
或以事廢 如取用之 湯已失 性矣 敢問 皤鬢 蒼顔之老夫 還可執弓
扶矢 以取中乎 還可雄 濶步以邁 遠乎第八曰 秀碧湯 石凝天地秀
氣 而賦形者也 琢而爲器 秀猶在焉 其湯不良 未之有也
近酉堂大爺 南過頭輪 一宿紫芋山房 嘗其泉曰 味勝 酥酪

又有 九難 四香 玄妙用

註

茶經云 茶有九難 一曰造 二曰別 三曰器 四曰火 五曰水 六曰炙
七曰末 八曰煮 九曰飲 陰采夜焙 非造也 嚼味嗅香 非別也
羶鼎腥甌 非器也 膏薪庖炭 非火也 飛湍壅潦 非水也 外熟內生
非炙也 碧粉飄塵 非末也 操艱攪遽 非煮也 夏興冬廢 非飲也
萬寶全書除 茶有眞香 有蘭香 有清香 有純香 表裡如一曰純香
不生不熟曰清香 火候均停曰蘭香 雨前神具曰眞香 此謂四香

何以敎汝 玉浮臺上坐禪衆

註

智異山 花開洞 茶樹羅生四五十里 東國茶田之廣 料無過此者 洞有

玉浮臺 臺下有七佛禪院 坐禪者 常晩取老葉 晒乾 然柴煮鼎如烹菜羹

濃濁色赤 味甚苦澁 政所云 天下好茶 多爲俗手所壞

九難不犯四香全 至味可獻九重供 翠濤綠香纔入朝

註

入朝于心君 茶序曰 甌泛翠濤 碾飛綠屑 又云 茶以靑翠爲勝 濤以

藍白爲佳 黃黑紅昏 俱不入品 雲濤爲上 翠濤爲中 黃濤爲下 陳麋

公詩 綺陰讚蓋 靈艸試旂 竹爐幽討 松火怒飛 水交以淡 茗戰以肥

綠香滿路 永日忘飯

聰明四達無滯壅 矧爾靈根托神山

註

智異山 世稱 方丈

仙風玉骨自另種 綠芽紫筍 穿雲根 胡靴犎臆皺水紋

註

茶經云 生爛石中者爲上 礫壤者次之 又曰 谷中者爲上 花開洞茶田

皆谷中兼爛石矣 茶書又言 茶紫者爲上, 皺者次之 綠者次之 如筍者爲上

似芽者次之 其狀 如胡人靴者 蹙縮然 如牛臆者 廉沾然 如輕飇

拂水者 涵澹然 此皆茶之精腴也

吸盡瀼瀼 淸夜露 三昧手中 上奇芬

註

茶書云 採茶之候 貴及時 太早則香不全 遲則神散 以穀雨前五日爲上

後五日次之 再五日又次之 然驗之東茶 穀雨前後太早 當以立夏 後

爲及時也 其撤夜無雲 浥露採者爲上 日中採者次之 陰雨下不宜採

老坡送謙師詩曰 道人曉出南屛山來 試點茶三昧手

中有玄微妙難顯 眞精莫敎體神分

註

造茶篇云 新採揀去老葉 熱鍋焙之 候鍋極熱 始下茶急炒 火不可緩

待熟方退撒入筐中 輕團枷數遍 復下鍋中 漸漸減火 焙乾爲度

中有玄微 難以言顯 泉品云 茶者水之神 水者茶之體

非眞水莫顯其神 非精茶莫窺其體

體神雖全 猶恐過中正 中正不過 健靈倂

註

泡法云 探湯 純熟便取起 先注壺中小許 祛盪冷氣 傾出然後

投茶葉多寡宜酌 不可過中失正 茶重則味苦香沈 水勝則味寡色淸

兩壺後 又冷水蕩滌 使壺凉潔 不則減茶香 盖罐熱則茶神不健 壺淸則

水性當靈 稍候茶水沖和 然后令布釃飮 釃不宜早 早則茶神不發 飮不宜遲

遲則妙馥先消 評曰 采盡其妙 造盡其精 水得其眞 泡得其中 體與神相和

健與靈相倂 至此而茶道盡矣

一傾玉花風生腋 身輕已涉 上淸境

註

陳簡齋 茶詩 嘗此玉花句 盧玉川 茶歌 唯覺兩腋習習生淸風

明月爲燭 兼爲友 白雲鋪席 因作屛 竹籟松濤 俱蕭凉

淸寒瑩骨 心肝惺 惟許 白雲明月 爲二客 道人座上 此爲勝

註

飮茶之法 以客少爲貴 客衆則喧 喧則雅趣索然

獨啜曰神 二客曰勝 三四曰趣 五六曰泛 七八曰施也

白坡居士 跋文

艸衣新試 綠香煙 禽舌初纖穀雨前 莫數丹山 雲澗月 滿鍾雷笑

可廷年 白坡居士 題

차는 현대엔 기호음료의 일종이나 초기엔 약용으로 등장하였다. 식용을 거쳐 기호식품화 되면서 문화생활과 연결되었고 다시 일상생활에 음다(飮茶)와 관련지어 다도(茶道)로까지 발전하게 되었다. 그러나 차 생활은 누구나 쉽고 편하게 접할 수 있어야 하는데 오늘날의 차 생활은 다도(茶道)라는 이름으로 예법과 격식을 중시하여 어렵고 불편하게 느끼도록 하여 전문 차인들만의 문화생활을 과시하는 수준에 그치고 있어 안타까울 따름이다.

이제는 쉽고 올바른 차 생활을 통해 자기 수양과 인성 함양이라는 차의 정신적 효용으로 사회를 건전하고 건강하게 치료해야 할 때라고 생각한다. 우리가 차 생활을 하는 목적은 바람직한 인격 형성이고 예절과 도덕을 비롯하여 다른 사람과 더불어 살아가기 위한 것이다.

이 책을 통해서 조선 후기 한국 전통차를 융성시킨 중흥조이자 다성(茶聖)으로까지 추앙받는 초의선사의 생애와 차 생활을 알아보고 그가 남긴『다신전』과『동다송』고찰을 통해 초의선사의 차 정신이 무엇인지 알아보고 이를 현대의 차 생활에서 이해하고 적용할 것을 모색해 보았다.

다신전과 동다송은 차인들에게는 교과서 같은 다서이다. 많은 선행연구자들은 고전 그대로의 한자 풀이 위주의 연구를 많이 해왔다. 하지만 필자는 현대의 관점에서 이 책들을 바라보고 재해석하였다.

『다신전』과 『동다송』의 핵심은 중정된 차 생활로 다신(茶神)을 얻어 다도(茶道)에 이른다는 것이다. 여기서 중정이란 차에 있어서 오묘함과 정성을 지녀 치우치지 않는 지나침도 모자람도 없는 조화를 잘 이룬 것을 말하며 다신이란 잘 우려진 차의 건강한 성분과 맑은 색, 향, 미(味)를 말하는 것이다.

차를 알려면 『다신전』을 보고, 다도(茶道)를 알려면 『동다송』을 보면 된다. 『다신전』에서 중정이라는 다도정신으로 차 생활의 완성을 이루었으며, 『동다송』은 우리 차가 나아가야 할 방향을 제시해 주었다. 그리고 창의성과 자주성, 독자적인 차의 정신세계를 논리적으로 표현하려 했다.

초의선사는 이 다서들을 통하여 차 생활의 멋과 우리 차의 우수성을 기리었다. 또한 차(茶)에 관심이 많았던 유학자들에게 손수 만든 차를 선물하고 경화 세족들로부터 전다박사(煎茶博士)라는 칭호를 받을 만큼 우리나라 차에 있어서 만큼은 정통하였다.

다신전과 동다송이란 고전을 통해서 초의선사의 다도정신인 중정을 참고하여 우리가 나아가야 할 방향을 끊임없이 연구하고, 우리의 차 문화가 바르고 명확하게 발전할 수 있도록 차인 모두가 노력해야 할 것이다.

1. 단행본

강우석, 『다신전』, 사회교육연구회, 2003.

김대성, 『東茶頌』, 동아일보사, 2004

김동곤 외 1인, 『그 산에 차가 있었네』, 도서출판 비앤엠, 2007.

김두만 역, 『東茶頌 茶神傳』, 태평양박물관, 1982.

김명배, 『中國의 다도』, 명문당, 1985.

김봉호, 『草衣選集』, 경서원, 1996.

곽의진, 『초의선사』, 동아일보사, 2004.

김영경, 『녹차가 내 몸을 살린다』, ㈜한언, 2006.

김진숙, 『茶經』, 국학자료원 새미(주), 2019

김진무 외 1인, 『茶經』, 도서출판 일빛, 2017.

강판권, 『차 한잔에 담은 중국 역사』, 지호출판사, 2006.

류건집, 『茶經 註解』, 이른아침, 2010.

류건집, 『韓國茶文化史 · 下』, 이른 아침, 2007.

류건집, 『東茶頌 註解』, 이른 아침, 2009.

류건집 외 1인, 『茶錄 註解』, 이른아침, 2015.

류성준, 『楚辭屈原賦註』, 신아사, 2001.

박동춘 외 1인, 『초의 의순의 동다송 다신전 연구』, 이른 아침, 2020.

박동춘, 『추사와 초의』, 이른 아침, 2014.

박동춘, 『우리시대 동다송』, 북성재, 2013.

박영희, 『동다정통고』, 이른 아침, 2015.

박영환, 『중국의 차 문화』, 도서출판 문현, 2013.

박홍관, 『차 도구의 예술』, 티웰, 2019.

석용운, 『韓國茶藝』, 도서출판 초의, 1988.

석용운외 1인, 『초의선사의 차 향기』, 도서출판 초의, 2009.

신소희 외 1인, 『차의 관능평가』, 이른 아침, 2017.

소암스님, 『동다송』, 도서출판 명상, 2001.

윤경혁, 『茶文化古典』, 弘益齋, 2004.

유태종, 『食品寶鑑』, 도서출판 서우, 1994.

유태종, 『차와 건강』, 둥지, 1989.

정경환, 『동다송의 철학』, 도서출판 이경, 2014.

정민, 『새로 쓰는 조선의 차 문화』, 김영사, 2011.

정민, 『삶을 바꾼 만남』, ㈜문학동네, 2011.

조기정 외 2인, 『 과학과 문화』, 화연 문화사, 2016.

조신호 외 4인, 『식품학』, 교문사, 2018.

정영선, 『육우의 다경』, 도서출판 너럭바위, 2011.

정영선, 『한국 茶文化』, 너럭바위, 1990.

정영선, 『동다송』, 도서출판 너럭바위, 1998.

정성본 외 1인, 『선과 다도』, 서울, 민족사, 2014.

정동효, 『차의 성분과 효능』, 弘益齋, 2004.

지허스님, 『아무도 말하지 않은 한국 전통차의 참모습-차(茶)』, 2003.

지허스님, 『지허 스님의 차』, 김영사, 2003.

짱유화, 『차과학 개론』, 도서출판 보이세계, 2008.

치우지핑, 『다경도설』, 이른아침, 2005.

에모토 마사루, 『물은 답을 알고 있다』, ㈜더난콘텐츠그룹, 2017.

윤병상, 『茶道古典』, 연세대학교 출판부, 2007.

엄숙, 『다도차의학 개론』, 전남대 출판부, 2009.

이진수, 『현대 과학으로 읽는 茶經』, 이른아침, 2011.

임혜봉, 『茶聖 초의선사와 대둔사의 다맥』, 예문서원, 2001.

임혜봉, 『茶와 禪 그리고 話頭』, 도서출판 월간 다도사, 2005.

최성희, 『우리 차 세계의 차 바로 알고 마시기』, 중앙생활사, 2004.

한승원, 『초의』, 김영사, 2003.

혜우, 『찻물 기행』, 초롱출판사, 2007.

2. 논문 및 간행서

김수연, 『다서(茶書)에 나타난 차의 효능 연구』, 성균관대학교 석사학위 논문, 2011.

김상홍, 『草衣선사의 茶山學 承繼攷』, 단국대학교 동양학 연구소, 2003.

권정순, 『東茶頌에 나타난 茶精神의 현대 차 생활 적용방안 모색』, 한국 예다학, 연구
　　　　논문, 제4호, 2017.

권정순, 『林園經濟志「鼎俎志」의 飮淸類 硏究』, 원광대학원 박사학위 논문, 2017.

박지원, 『중국 茶 문화에 관한 연구』, 조선대학교 석사 학위 논문, 2010.

송해경, 『초의선사意恂의 다도관 研究』 원광대학교, 박사학위 논문, 2008.

유동훈, 『조선시대 문헌에 나타난 차의 약리적 활용에 관한 연구』, 목포대학원, 박사
    학위 논문, 2014년.

尹末德, 『茶經에 나타난 茶의 成分과 效能에 대한 研究』, 원광대학교 석사학위 논문, 2011.

임정희, 『先秦兩漢魏晉南北朝時期의 飮茶文化 考察』, 성균관대학교 생활과학대학원
    석사 학위 논문, 2009.

원종애, 『茶書에 나타난 茶의 藥理的 效能에 관한 研究』, 제주대학교 산업대학원 식사
    학위 논문, 2011.

전동복, 『문헌(文獻)을 통한 찻물 고찰』, 국제 차문화학 협동과정, 2007.

정순일, 『조주화상 '喫茶去'의 의미』 『한국차학회지』 20권 3호, 한국차학회, 2014.

정영선, 『한국 다문화 중흥조론』, 『다문화연구지』, 1998.

韓基斗, 『韓國 禪思想에 있어 三種禪과 二種禪間의 論爭點 고찰』, 원광대학원 박사
    논문, 1974.

최진영, 『茶神傳에 나타난 通攝的 東茶意識』, 성신여대 박사학위 논문 수정본, 2013.

최진영, 『東茶意識의 形成과 展開에 관한 연구』, 성신여자대학교 대학원 박사학위 논
    문, 2012.

3. 기타자료

유동훈, 강의자료

1   돌아가신 시아버님을 일컫는 존칭

2   송해경, 『초의 의순의 다도관 연구』, 원광대학교 박사학위 논문, pp.2~3.

3   송해경, 앞의 논문, pp.2~3.

4   송해경, 앞의 논문, p.7.

5   정민, 『새로 쓴 조선의 차 문화』, 김영사, 2018, pp.14~15.

6   정민, 앞의 책, p.15.

7   정민, 앞의 책, p.624.

8   정민, 앞의 책, p.622.

9   정서경, 『초의차 제다법 고찰』, 고려대학교 한국학연구소 석사학위 논문, 59, 2016, p.233.

10   정서경, 앞의 논문, p.234.

11   정서경, 앞의 논문, p.213

12   조일옥, 『소치허련의 차 생활 고찰』, 목포대학교 석사학위 논문, p.33

13   조일옥, 앞의 논문, p.33.

14   석용운 외 1인, 『초의선사의 차 향기』, pp.281~282.

15   석용운 외 1인, 앞의 책, p.283.

16   석용운 외 1인, 앞의 책, p.283.

17   석용운 외 1인, 앞의 책, p.283.

18 윤병상, 『다도고전』, 연세대학교 출판부, 2007, p.84.

19 석용운 외 1인, 『초의선사의 茶 향기』, 도서출판 초의, 2009, p.252.

20 경남 하동군 화개면 모암리 '보리암다원'의 「특우전」 전통 제다 공정.

21 경남 하동군 화개면 모암리 '보리암다원'의 「특우전」 전통 제다 공정.

22 농촌진흥청, 2019년 1월 30일, 보도 자료.

23 권정순, 『林園經濟志 「鼎俎志」의 飮淸類 硏究』, 원광대학원 박사학위 논문, 2017.

24 박동춘, 『우리 시대 동다송』, 북성재, 2013, pp.65~67.

25 유동훈, 수업자료

26 신소희, 정인오, 『차의 관능평가』, 이른 아침, 2018, p.40.

27 신소희, 정인오, 앞의 책, p.48.

28 짱유화, 『차과학개론』(하), 도서출판 보이세계, 2010, p.467.

29 김진숙, 『다경』, 국학자료원 새미(주), 2019, pp.152~153.

30 『茶神傳』 제17장 "茶經云 山水上."

31 『茶神傳』 제17장 "井水不宜茶."

32 『茶神傳』 제17장 "井水不宜茶."

33 강우석, 『茶神傳』, 사회교육연구회, 2003, p.192.

34 유태종, 『차와 건강』, 1988, p.79.

35 유태종, 앞의 책, p.79.

36 정민, 유동훈, 『한국의 다서』, 김영사, 2020, p.265.

37 『茶神傳』 제20장 "盞 以雪白者爲上 藍白者不損茶色 次之."

38 당대는 월주요, 송대는 길주요, 명대는 경덕진요가 유명

39 정민, 유동훈, 『한국의 다서』, 김영사, 2020, p.266.

40 에모토 마사루, 『물은 답을 알고 있다』, ㈜더난콘텐츠그룹, 2017, pp.33~36.

41 정민, 『새로 쓰는 조선의 차 문화』, 2020, pp.297~298.

42 정민, 앞의 책, p.298.

43 김대성, 『東茶頌』, P.45.

44 김진숙, 『茶經』, 국학자료원 새미(주), 2019, pp.257~258. 屈原, 『楚辭』九章,
    橘頌: "后皇嘉樹 橘徠服兮, 受命不遷 生南國兮, 深固難徒 更壹志兮, 綠葉素榮
    紛其可喜兮, 曾枳劍棘 圓果搏兮, 淸黃雜柔 文章爛兮, 精色內白 類可任兮, 紛縕
    宜脩 姱而不醜兮 嗟爾幼志 有以異兮, 獨立不遷 豈不可喜兮, 深固難從 廓其無
    求兮, 蘇世獨立 橫而不流, 今閉心自愼 不終失過兮, 秉德無私 參天地兮, 願歲幷
    謝 與長友兮, 淑離不淫 極其有理兮, 年歲雖少 可師長兮, 行比伯夷 置以爲像兮."

45 懷橘奉供: 중국 삼국시대 오나라의 육적(손권의 참모)이 6살 때 아버지(육강)를
    따라 원술의 집에 갔다가 귤을 몰래 품 안에 품고 있다가 원술에게 들켰는데,
    원술이 묻기를 육랑은 왜 귤을 품었는가? 하였더니 어머니께 갖다 드리고 싶어
    서였다고 대답해 그의 효심(孝心)을 나타내었다.

46 김진숙, 앞의 책, p.19.

47 『茶經』一之源, "基地, 上者生爛石, 中者生礫壤, 下者生黃土."

48 김진숙, 앞의 책, p.31.

49 김진숙, 앞의 책, p.33.

50 『茶經』一之源, "野者上, 園者次, 陽崖陰林, 紫者上, 綠者次 筍者上 芽者次
    葉卷上, 葉次舒. 陰山坡谷者, 不堪採掇, 性疑滯, 結腹疾."

51 『동다송』, 2송 주(註) "李白云 荊州 玉泉寺 淸溪諸山 有茗艸羅生 枝葉如碧玉 玉
    泉 眞公常采歡."

52 정민, 유동훈, 『한국의 다서』, 김영사, 2020, pp.85~86. 「答族侄中孚贈玉泉仙

人掌茶」"常聞玉泉山, 山洞多乳窟, 仙鼠如白鴉, 倒懸淸溪月, 茗生此中石, 玉泉
流不歇 根柯灑芳津, 采服潤肌骨, 叢老卷綠葉, 枝枝相接連, 曝成仙人掌, 似拍洪
崖肩."

53 김진숙, 『茶經』, p.172.

54 박지원, 『중국 茶 문화에 관한 연구』, 조선대학교 석사학위 논문, 2010, p.14.

55 김진숙, 『茶經』, 국학자료원 새미㈜, 2019, p.214.

56 김진숙, 앞의 책, p.215.

57 김진숙, 앞의 책, p.215.

58 박영환, 『중국의 차 문화』, 도서출판 문현, 2013, pp.31~32.

59 김진숙, 『茶經』, 국학자료원 새미㈜, 2019, p.217.

60 김진숙, 『茶經』, 앞의 책, p.219.

61 김진숙, 앞의 책, p.253.

62 『茶經』, 七之事, 『爾雅注』.

63 김진숙, 『茶經』, 국학자료원 새미(주), 2019, p.219.

64 김진숙, 앞의 책, p.230.

65 김대성, 『東茶頌』, 동아일보사, 2004, p.71.

66 김대성, 앞의 책, pp.71~72.

67 김대성, 앞의 책, p.87.

68 정영선, 『다경』, pp.181~183.

69 김진숙, 『다경』, 칠지사, 국학자료원, 2019, p.243.

70 『東茶頌』(9송) 張孟陽 登成都樓 詩云, "借問楊子舍, 想見長卿廬 程卓累千金, 驕
侈擬五侯, 門有連騎客, 萃帶腰吳鉤."

71 류건집, 『동다송』, 서울, 이른 아침, 2012, p.153.

72 정영선,『茶經』, 서울, 너럭바위, 2011, p.171.

73 정영선,『茶經』, 앞의 책, p.215.

74 정영선, 앞의 책, P.217.

75 김진숙,『茶經』, 국학자료원 새미(주), 2019, p.217.

76 쩡유화,『차 과학 개론』, 서울, 도서출판 보이세계, 2010, pp.99~100.

77 김진숙,『茶經』, 경기, 국학자료원 새미(주), 2019, p.216.

78 유태종,『차와 건강』, 도서출판 둥지, 1992, p.46.

79 최성희,『우리 차 세계의 차 바로 알고 마시기』, 중앙생활사, 2004. p.161.

80 정동효,『차의 성분과 효능』, 홍익재, 2004, p.352.

81 정동효, 앞의 책, p.250.

82 유동훈, 강의자료

83 金明培,『中國의 茶道』, 명문당, 2016, p.108.

84 유동훈, 강의자료

85 전라남도 농업기술원 차산업연구소

86 전라남도 농업기술원 차산업연구소

87 송해경,『艸衣意恂의 茶道觀 硏究』, 원광대학교 박사학위 논문, 2008, p.36.

88 김진숙,『茶經』, 경기, 국학자료원 새미(주), 2019, pp.90~91.

89 국립농산물품질관리원 시험 연구소(2014년 10월 자료).

90 석용운외 1인,『초의선사의 차 향기』, 도서출판 초의, 2009, p159.

91 대구광역시 남구 수질검사 결과 시료명, 먹는 물, 채수 일시, 2021년 01월 27일
    검사 채수 방법: 지참 시료 (남구 수도 사업소에서 검사 실시).

92 김진숙,『茶經』, 국학자료원 새미(주), 2019, P.283.

93 김진숙, 앞의 책, p.283.

94 김진숙, 앞의 책, p.282.

95 정성본 외 1인, 『선과 다도』, 민족사, 2014, p.253.

96 정민, 『새로 쓴 조선의 차 문화』, 김영사, 2018, p.355.

97 진각국사, 「차와 정해문을 보내온 것에 답하여」, 무의자(無衣子) 혜심(慧諶)의 선차시

98 윤병상, 『다도고전』, 연세대학교 출판부, 2004, pp.15~16.

99 윤병상, 앞의 책, p.15.

100 http://www.ibulgyo.com/news/articleView.html?idxno=103278

101 김태완, 『마조어록』, 침묵의 향기, 2017, p.48.

102 임혜봉, 『차(茶)와 선(禪) 그리고 화두(話頭)』(上), 월간 茶道, 2005, P.180.

103 정순일, 「조주화상 喫茶去의 의미」 『한국 차 학회지』 20권 3호, 한국차학회, 2014, p.11.

104 『동다송』(제3송), "羅大經 瀹湯詩 松風檜雨到來初 急引銅瓶離 竹盧 待得聲聞俱 寂後 一甌春雪勝醍醐."

105 김진숙, 『茶經』, 국학자료원 새미(주), p.225.

106 『동다송』(제14송) "大小龍鳳團始於丁謂 成於蔡君謨 以香藥合而成餅 餅上飾以 龍鳳紋 供御者 以金莊成 東坡詩 紫金百餅費萬錢."

107 김명배, 『중국의 다도』, 2016, 명문당, pp.168~171

108 김명배, 앞의 책, pp.184~191.

109 동다송 (제 16송) "道人雅欲 全其嘉 曾向蒙頂 手栽那 養得五斤 獻君王 吉祥藥 與聖楊花."

110 김진숙, 앞의 책, p.267.

111 旅人近作茶饕 書中妙辟 全通陸羽之三篇 兼充藥餌 病裡雄蠶 遂竭盧仝之七椀 雖

浸精瀹氣 不忘綮 毋睍之言 而消壅破瘕 終有李贊皇之癖 洎乎朝華始起 浮雲晶

晶 於晴天 午睡初醒 明月離離 乎碧澗 細珠飛雪山燈 瓢紫筍之香 活火新泉野席

薦白包之味 花瓷紅玉繁華 雖遜於潞公 石鼎靑煙澹素 庶乏於韓子 蟹眼魚眼 昔人

之玩好徒深 龍團鳳餠內府之 珍頒已罄 玆有采薪之疾 聊伸乞茗之情 竊聞苦海津

梁 最重檀那之施 名山膏液 潛輸瑞草之魁 宜念渴希 毋慳波惠.

112 전남 농업기술원 차 산업 연구소

113 전남 농업기술원 차 산업 연구소

114 정영선 편역,『동다송』, 너럭바위, 2002. p.56. "石凝天地秀氣 而賦形者也. 琢
而爲器

115 聲有緩急則琴亡, 力有緩急則墨喪, 注湯有緩急則茶敗. 欲湯之中, 臂任 其責

116 "惟沃茶之湯 非炭不可"

117 Cafe.daum.ner/teasamadhi/N8H2/14

118 『第三品』, 嬰湯, "薪火方交 水釜纔熾 急取旋傾 始嬰兒之未孩 欲責以壯夫之事
難矣哉."

119 第九品, 壓一湯, "貴欠金銀暖惡銅鐵則瓷瓶有足取焉幽士逸夫品色尤宜豈不爲瓶
中之壓一乎然與誇珍街豪吳公子道."

120 茶經云 茶有九難 一曰造 二曰別 三曰器 四曰火 五曰水 六曰炙 七曰末 八曰煮
九曰飲

121 김진숙,『茶經』, 국학자료원 새미(주), 2019, pp.199~202.

122 농촌 진흥청, 2018년 8월 20일 보도자료, 온난화대응연구소

123 류건집,『동다송 주해』, 2012, 이른아침, pp.335~339.

124 日高丈五睡正濃, 軍將扣門驚周公, 口傳諫議末書信, 白絹斜封三道印, 開緘宛見
諫議面, 手閱月團三百片, 聞道新年入山裏, 蟄蟲驚動春風起, 天子未嘗陽羨茶,

百草不敢先開花, 仁風暗結珠蓓蕾, 先春抽出黃金牙, 摘鮮焙芳旋封裹, 至精至好且不奢, 至尊之餘合王公, 何事便到山人家, 柴門反關無俗客, 紗帽籠頭自煎喫, 碧雲引風吹不斷, 白花浮光凝碗面

125 一碗喉吻潤, 兩碗破孤悶, 三碗搜枯腸, 惟有文字五千卷, 四碗發輕汗, 平生不平事, 盡向毛孔散, 五碗肌骨清, 六碗通仙靈, 七碗喫不得, 唯覺兩腋習習清風生, 蓬萊山在何處, 玉泉子乘此清風欲歸去, 山上群仙司下土, 地位清高隔風雨, 安得知 百萬億蒼生, 命墮顛崖受辛苦, 便從諫議問蒼生, 到頭合得蘇息否.